创意即财富

CREATION IS FORTUNE

陈荣军 著

中国传媒大学出版社

序　何伟

看到荣军同志的书稿，我的第一感受是惊喜。时下报人出书不少，但报纸广告人出书，比较少见。退下来的报人出书不少，盛年在职的比较少见。何况著者是地方党报的部门领导、业务骨干，即使有心写书，哪来的时间和精力。

荣军同志年届天命，却激情不减，创新不断，做成了这件事。付出的精力和毅力，甘苦共知。

改革开放以来，我国报业有了长足的发展。上世纪末开始的报业集团化征程，标志着报业产业化的开始。广告历来是报纸经营的主要收入，占比达到60%以上，广告之于报纸的作用不言而喻。党报和都市报凭借其垄断地位或先发优势，创造过高速增长的繁荣奇迹。然而，花无百日红，风水轮流转，到2005年，全国各大报业集团广告经营额大幅下滑。以互联网为代表的新兴媒体崛起，读者特别是年轻读者流失，使报业的生态环境和产业格局发生了重大变化。网络广告、户外广告、广电广告等方阵迅速壮大，瓜分报业广告的市场份额。报业自身竞争日趋惨烈。仅宁波这样一个城区人口仅百万的受众市场，就有6家报纸日日角逐。所以，每遇经济寒流、市场动荡，报业难免风声鹤唳，神经紧张。随着80后、90后成为消费主体、社会主流，报纸的命运更是堪忧。无论是日本地震引发的核泄漏危机，还是利比亚战火，从媒体的功能看，比快，属互联网和手机；比现场，属滚动播出的电视，报纸显然有些边缘化了。美国一家国际知名研究机构的报告显示：美国未来10大行将就木的行业，报纸与胶卷冲洗店、录像带租赁公司、唱片公司一起名列其中，这恐怕不是危言耸听。

无疑，报纸作为最传统的大众传媒正面临行业危机，欲延年益寿，除了内容提质提量，很大程度要看广告的脸色。由此可见，搞好报纸广告工作，既充满了挑战性，又饱含苦涩，是件令人纠结难耐的辛苦差事。立足本地市场，如何精耕细作，如何开疆拓土，如何寻求新的赢利模式……一句话，如何保持报业广告不衰，是摆在海内外报人面前的紧迫课题。

本书应该是这一严峻挑战的回声。陈荣军当过老师，又下海经商，后来当记者，现在做广告。基于这样丰富的经历和职业背景，联系到他的一线岗位和前沿视角，我们没有理由不重视他的思考，这样的思考，含“金”量定是不会低的。

实际上，这是一本粹想集、随想录。广告行业的总体特征是创意，本书也是创新的产物。全书简洁精练，深入浅出，体例灵活，不拘一格，可谓别开生面。正如著者所言，因所用多是时间的边角料，譬如午休时间、下班至离开办公室的间隙、晚餐前的等待，所以以短文的形式呈现。

书稿内容颇为丰富，从布局新媒体到传统四季歌，从百年通用破产到袁隆平杂交稻试验成功，从立顿红茶到美的电器，从活动营销到顾问营销，从精确制导到无中生有，从专业三板斧到危机的解……作者视野开阔。

细细翻阅书稿，思考的火花不时闪烁。如：

“掌握了服务主动权，就是掌握了业务主动权”；

“面对危机关键不是花了多大的力气，而是是否找对了开这把锁的钥匙”；

“对于韭菜你不去收割他人就会去收割，所以要不断出手才能有不断收获”；

“认真两字，价值千金”；

“后开的花或许更珍贵，细小的花或许更芬芳，让我们珍视团队里每个人的才华”；

“广告主花钱买的不是版面、时段，而是话题”……

这些心得、感悟，已经超越广告业务而升华到人生层面。报纸与广告互为条件，相互依存。其中之关系、微妙之程度，非经历者难以体味。荣军所服务的宁波日报社，广告效益居业内同类报纸前列，其中必有他一份不可替代的贡献，而这贡献的背后离不开他的勤于思考。这些感悟原汁原味，是在市场实战中“野生”的。

荣军自谦是报媒资深广告人，他把饱含心血的广告文案、成功秘籍，拿出来与大家分享，与同行交流，证明他不仅有职业追求，更富有人生理想。

在充斥了“报纸突围”、“谁谋杀了报纸”的语境下，在报业何时消亡的忧患中，有荣军这样的报人在思考、在实践，至少对报业是个鼓舞，对报纸是个福音，对报人是个慰藉。基于此，当荣军嘱我作序，便欣然应诺，其中很大的成分旨在赞赏他。

干而思，思而干，循环往复，进步不断。正如作者所言，企业要立于潮头，脚步是不可以停下来的。做企业如此，做事业亦然。

是为序。

辛卯年秋

（作者系宁波日报报业集团社长、党委书记）

目 录
contents

◎ 创意——灵感的闪

◎ 感悟——心的指引

◎ 思考——不精则奇

◎ **附录**

创意

——灵感的闪

善于捕捉商机

信息时代，也是信息爆炸、信息疲劳的时代，许多商机夹杂在信息洪流之中一泻千里，没有准备的头脑，面对轰鸣的信息洪流缺少感应，无从筛选，任凭一条条商机之鱼悄悄溜走，而有心人，则收获颇丰。

2009 年 12 月哥本哈根气候大会后，节能、低碳、环保等词，更加频繁地出现在媒体上。2010 年初，宁波日报社广告部家电工作室便策划了以“倡导低碳生活 建设绿色未来——低碳生活从更新家电开始”为主题的活动，美的、长虹、海信、格力、奥克斯等纷纷响应，为《宁波日报》家电广告增色。

2010 年 3 月，媒体揭露，有的黑心餐饮店在日常烹调中使用地沟油，严重危害人们身心健康。餐饮工作室便联合宁波市烹饪协会、市饭店协会，策划推出“拒绝地沟油倡议书”活动，百年老店东福园、著名餐饮连锁店小尾羊、知名时尚特色餐厅风云龙虾、本邦菜人气餐饮店恒涛食府等纷纷参与，促进了餐馆广告增量。

信息洪流浩浩荡荡，大浪淘沙，金在何处，我们每个人都炼就发现的眼睛了吗？

举起一面旗帜

我们报社一年一度举办“高校招生咨询会”，与其他公司联合举办“国际汽车博览会”、“宁波金融产品展示会”等等，并不是我们要取代展览公司，我们始终没有忘记我们的本行：版面营销，亦即是卖版面。我们之所以花精力，去办这个会、那个会，去高举这面旗帜，只不过是为了赢得话语权，在竞争激烈的商战中，使客户能听得到我们的声音，并使他们确实感受到如雷贯耳的效果。

在如此纷繁嘈杂的世界，什么样的声音对客户是如雷贯耳的呢？就是跟他们利益相关的声音。而把众多同类客户聚集在一起的展示会，就是与他们切身利益紧密相关的活动。组织这样的活动，并站在活动制高点发信息造势、帮他们一起吆喝、发发鼓励的奖牌、碰碰友谊的酒杯，这种互动对他们而言不说是铭心刻骨，也至少是印象深刻。

所以组织活动是我们营销的手段，是我们在激烈竞争中抢占制高点的台阶。

学会"拿来主义"

2010年3月,《长江日报》刊出单张6连版的"大趋势——中国汽车领航者"广告专版,最值得期待新车领航者、进口豪华车领航者、高端运动车领航者等近20个奖项归到了各种车型的名下,综合稿、荣誉榜、获奖车型展示在版面上勾勒出一道含金量颇高的亮丽的风景线。

我们的汽车工作室立即行动,将此方案"拿来",结合北京车展及汽车品牌联盟活动,在4月份出刊"大趋势——中国汽车领航者(宁波榜)",根据宁波的特色及正常的获奖程序,我们对奖项作了增删,23个"领航者"奖项分别为:最值得期待新车、进口豪华车、畅销中级车、舒适中高级车、创新技术中高级车、适用经济型车、经典中高级车、畅销经济型车、环保节能中级车、畅销中高级车、高端运动车、最具性价比车型、自主品牌家轿、豪华高端车、最具时尚车型、豪华城市SUV、多功能商用车、最受白领青睐车型、动感两厢车、公务车、公用商务车、自主品牌公务车、精英座驾,广告创收逾百万。

平面媒体地域性特点,给我们运用"拿来主义"提供了畅行的道路。外地的被拿媒体,一点也不觉得拿的媒体侵害了他们的利益,若是知道你克隆了他们的方案,他们反而还会因此而津津乐道:瞧,某某报在采用我们的方案。这无疑增加了方案策划方在业内的影响力和分量。当然，一般情况是，我们拿来了他报方案或他报用了我们的方案都悄无声息。没有风险，不用付费，节约脑力，节约时间，这样的拿来何乐而不为？

捷足先登

广告的策划、实施多是短平快的，在同行竞争激烈的情况下，行动尤其要迅速，否则落在别人后面，那味道不好不去说，效果也不会好。

金融危机，企业要资金，银行则想把资金放给可靠的企业，各媒体都在想策划一次金融方面的广告活动。我们立即行动，与宁波市企业联合会、宁波市企业家协会一起推出主题为“让资金激发能量，让企业稳健运转”的“金桥行动”，让企业与银行面对面交流。我们的预告广告在2009年2月23日（星期一）上午一刊出，下午晚报一则类似内容的金融展示会预告广告就刊出了，他们的一位领导碰到我说：头口奶让你们吃了，我们准备了好长时间，觉得就差一口气，没味道了。而另一家都市类早报也在谋划着要搞类似的活动，看到日报的“金桥行动”预告广告后，他们的相关领导更直接，一早就把他们搞金融业务的相关人员找来问话，还说是他们泄密了。业务人员一脸怨气，有苦说不出，既要忍受领导批评，又要心痛业务流失。这叫“一招先，吃遍天；落在后，捡垃圾”。

其实，每年的元旦、情人节、三八妇女节、五一节、中秋节、国庆节、春节、高招会、国际车展、住宅产品展示会、房展、金融展、商贸节、服装节、消博会、旅游节等等，这些“四季歌”，都是各媒体竞争的关节点，相关人员首先必须有领先一步的思想准备、行动准备，其次要眼观六路，耳听八方，善于捕捉商机，随机而动，以便成功地实施“捷足先登”策略。

丰富我们的产品

客户是分层次的，即使在同一行业亦是如此。所以我们广告营销像其他产品营销一样，最好是产品比较多样，能满足不同客户的需求。硬广告是常规产品，分整版、半版、三分之一版、四分之一版、一通栏、半通栏、四分之一通栏等等，以适应不同客户的不同业务需要。此外，还有软文、报花、专版、专栏、冠名等形式可以运用。

外地广告公司投放广告常会询问：你们的报纸有没有某某专版，我们这则广告就要放在有针对性的某某专版。假如我们没有相应的专版，这广告就去点缀竞争对手的版面了。所以广告产品的设计要以客户需求为前提。

从另一种角度看，比如汽车广告，大手笔的可以投半版、一版，小打小闹的连半个通栏也投不起，干脆就不投广告了。在经济不景气情况下，小虾米也不能放过，我们的业务人员，借鉴他报做法，尝试推出“行状广告”，就一行字，刊登一下单位、地址、产品、价格、电话，每次收费 100 元，一年 50 期“车周刊”，就一次性收 5000 元，小单位多了，有响应的话，也是一笔不少的数字，有的一行不够，要二行三行也允许。但这种产品是拾遗补缺，针对小单位，而且是业务人员时间有余或顺便做的，或产品推出后自动找上门的。我们不能为此费太多精力，不能为芝麻而丢了西瓜。

所以一方面我们要丰富自己的产品，另一方面要牢记效益优先的原则。

善借外力

市场经济是一张大网，各方关系错综复杂，我们应该站在自己的节点上，理顺关系，善借他方之力，为我所用，来实现自己的目的。

2009年初，全球金融危机加剧，企业资金短缺，银行则要寻求优良项目，我们就推出能让银行与企业面对面洽谈的“金桥行动”。这个活动，我们既要做好企业与银行的桥梁，实现社会效益，又要银行出钱来做广告，实现一定的经济效益，这是我们的目的。但我们要企业来参与，必须把场面做起来。我们就找到宁波市企业家协会、宁波市企业联合会，要他们一起来参与这个活动，他们也很想为企业做点事，于是一拍即合。并商定由他们负责组织企业来参加，这个活动框架与核心就齐了。

由宁波市企业家协会、宁波市企业联合会、宁波日报社主办的“金桥行动”广告一刊出，再经业务员工作，几家银行就定下来参与这一活动。3月4日，由中国建设银行宁波市分行承办的“金桥行动”第一期，成功举办，市企业家协会及企业联合会会长，宁波日报社总编辑，建行宁波分行行长都与会讲话，给予高度评价。46家企业参与，企业提出受信需求达10亿元，双方达成受信意向约5亿元。第二天，眉题为：资金与项目对接 银企面对面洽谈，主题为：“金桥行动”建行挥写开篇之作，见报，这一报道使活动各方欣喜之余，也为后续行动助力。主管工业的副市长打电话给企业家协会会长，对此项活动表示肯定。

这种借外力实施并完成我们的营销目标，已是我们的常规做法，但在媒体竞争更为激烈的当今，还须运用得更加娴熟和得心应手。

掌控主动权

借助相关单位力量，一道联名推出我们所策划的活动，达到广告营销的目的，对此我们已不陌生。但我们要掌控活动的主动权，否则活动的开展难以按我们的节拍进行，也往往达不到预期的目的。

为拉动宾馆、餐饮企业广告，我们计划开展一次宾馆、餐饮企业评选活动。原设想与市烹饪协会联办，但烹饪协会秘书长说要请示会长，还提出参选企业的条件一大堆，评选的程序也繁复，按这种做法，既误时，又有许多不确定因素。显然这样的联办消极因素大于积极因素，我们就放弃。

媒体本身就有公信力，我们就独家主办这一活动，由读者投票来决定谁获胜入围，名称定为“甬城十大宾馆、餐饮企业”海选。具体海选项目分四项：1. 甬城十大最负盛名宾馆；2. 甬城十大最负盛名餐饮企业；3. 甬城十大人气最旺海鲜店；4. 甬城十大人气最旺特色餐饮店。海选广告一刊登，因业务人员摸底、动员工作在先，相关单位报名随之跟上，我市最有影响力的一家五星级宾馆老总前来接洽，表示全力支持此项活动，火热的氛围，将我们对活动能否成功的担心、疑虑扫荡一空。不几日，名为“方向”的获奖宾馆、餐饮企业展示特刊推出，报社获得不菲的广告创收，社会反响也好。至今一些单位仍把我们颁发的奖牌高挂在醒目处，作为一项荣誉。

掌握主动权是合作的基础，否则就会打乱我们活动的节奏，甚至影响我们目标的实现，这样的联办活动就失去了意义。

无中生有

道生一，一生二，二生三，三生万物。道即是事物的发展规律。我们在经营活动中，只要能悟到事物发展的趋势脉络，因势利导，必能使你体验到从无至有、从小至大、由弱至强顺利行进的快乐。

“十一”长假过后是远途旅游的淡季，如何使旅游广告淡季不淡，这需要无中生有，以道生一，以一生众。明知客源稀有而大幅刊登旅游广告，只能使旅游公司利润摊薄甚至出现经营危机。而工作压力的增大、私家车的普及、双休日的拥有，使人们短途自驾游的欲望无限膨胀。据此我们推出了“市民自驾游宁波优选目的地海选活动”。

活动方案推出后，反响热烈，参选景点三十余家。有景点老总说：“这样的活动好，有针对性，我们愿意参选做宣传。”我告诉他：“这个活动，我们就是根据市民实际需要推出的，民众有短途自驾游的欲望，而常为往哪个方向去而犹疑，我们就是提供短途自驾游路线图给大众。”我还对他说：“这个活动对大众来说我们是做好事，对景点来说有旺客的作用，对我们媒体来说也做到了创收，是三赢的事。”这就是来自实际需要符合规律的道。

最后活动海选出了十家“市民自驾游宁波优选目的地”景点，海选获得荣誉的景点均在报上做广告宣传自己，使活动获得了预期的成功。

通过此次活动，我们还考虑邀集旅游业界人士，成立“景色宁波旅游俱乐部”，树立行业地位，增强行业影响力。同时，我们由此及彼推出“养生滋补品市民优选门店（市场、商城）海选”、“市民购家具优选门店海选”等一系列活动，从给市民以导向为出发点，营造广告新的增长点。

翻旧出新

广告是崇尚创意创新的行业，天马行空、独辟蹊径、灵感电闪，来个全新的创意策划当然求之不得，但山重水复疑无路之时，也不妨来个翻旧出新。

我们知道搞新闻每年要唱“四季歌”，农忙时节要提醒农资到位、节日出行要注意交通安全、高温生产要注意防暑、台风来临要报道防灾……而广告策划年复一年，除每年不断创新外，一些规定动作也不能遗漏，如迎新开门红特刊、三一五特刊、高招咨询会特刊、车博会特刊、住博会特刊、十一黄金周特刊、金融展理财特刊、年终盘点特刊等等，便是我们报媒广告人唱的四季歌。这些四季歌是我们广告创收的支点，哪年不去唱就必须有新节目推出来替代，否则就是一大损失。

但四季歌也要有新意，对前些年的创意策划照搬照抄没有新的元素加入，在竞争激烈的广告市场肯定缺乏竞争力。如“三一五”活动，假如前年搞的是诚信展示，去年搞的是海选评优，今年没有大策划的话就可搞搞某一主题倡议，当然具体方案可与客户互动后再定，这样既有新意又有针对性。

“优道”招聘与红木椅

优道是一家专注于优级水管的公司，广告语是：水好管好身体好。目标是运作国际一流水管。

公司在品牌宣传文字上表述：空气、阳光、水。有的生命，可以在没有空气的环境中存在；有的生命，可以在没有阳光的环境中存在；一切生命，都无法在没有水的环境中存在。优道，优质水的护卫者。优道只做一件事：水的优质运输。以往，人们只考虑省力，水龙头来水就行，不管水的经流线路；如今，人们关注健康，关注优质水的优级经流线路。

优道公司的品牌运营人是我的老朋友杨先生，是一位老牌房地产商，又是一位颇有创意的企业家。我说你只做家用管道，水源不好、户外径流水管不好还是不行，难道劣质水流到你的管里就净化为优级水了吗？他说我们是做过调查的，以宁波为例，水源地已不是江河湖泊了，城市饮用水全部来自水库的优级水，户外管道也进行了置换改造，而且户外的水都在不停流动之中，水质可以保证。家里的管道特别重要，早晨用水，管里水已待了一夜，上班去等到下班回家，打开水龙头，流出的水在管里待了一整天，如家用管道材料不好水质就好不了，你看用优级的家用水管多么重要。我听了也觉得有些道理。

管道这一块是杨先生新启动的业务，因母公司大起点就高，他接着与我谈及人员招聘的事，一是去人才市场设摊，二是刊登广告。我说刊登广告范围更大，兼有宣传公司及品牌的作用。他认同我的观点。在什么报亮相问题，我说是大公司登大报，招管理层登大报。他也以为然。刊登规格大小问题，他说小一点说清楚就行了。我说既是招聘又是公司形象宣传，规格不可以太小，要有大公司的气度。他说还要有点创意，一般的表格式招聘广告缺少新意，效果不会太好，你给动动脑筋来点新花样。我建议有多少岗位，就在报纸版面上用红木椅子一把把放着，让应聘者去对号入座，这样既生动又形象。他大笑说这个创意好，本来还在犹豫要不要做广告，这样一来是一定要做了，你给我定个版面吧。后来招聘广告就以这样的创意在日报亮相。再次碰到我时他说，你老兄创意不错，招聘挺顺利的。

“优道”广告能顺利刊登及公司招聘成功，我认为红木椅子的创意起到了很大的作用。

活动营销与顾问营销

竞争的烈风一阵紧似一阵，报业广告的营销活动一波接着一波，业务人员都喊累，但也没有办法，因为没有活动就没有广告。

2009 年 1 至 5 月，以汽车为例，牛年牛汽、春季车博会、诚信汽车经销商海选、轮动南二县、汽车助购金、靓车亮万达、保值车海选……日报每月都有活动；金融、商业活动也是五花八门的上，迎新快乐购、金桥行动、茶叶品牌茶叶店茶馆海选、家电下乡特刊、阳光 3·15、品牌闪耀明星指引、消费者喜爱的空调品牌海选等活动，几乎没有中断过。对这样的营销活动不光自己累，有时客户也厌烦，但却不能停，客户的推广宣传费用就像韭菜，你不通过活动去割，它就会落到其他竞争对手的篮子里去。所以，活动营销应成为激烈竞争环境下我们面对广大客户的常用手段。

但光有活动营销是不够的。根据犹太人经商的“二八”法则，我们要将 80％的精力用到 20％的大客户身上，所以我们还应该有顾问式营销或称融入式营销。当然这种营销方式对业务人员的自身素质也有更高的要求，他们至少必须熟悉对方的需求和媒体的整合运用。

美的空调是我们的家电大客户，这次国家推家电下乡，美的想有所动作。一个星期天，美的宁波公司老总打电话找我，说是要谈谈。他开门见山地说，美的要推广家电下乡计划，但找哪家媒体、用何种方式却还没有头绪，但必须要有让人耳目一新的方式。我立即回答：媒体肯定是《宁波日报》，在宁波没有哪家媒体比《宁波日报》更权威，并且均匀覆盖全市城区乡镇；至于方式，第一炮，先开个家电下乡研讨会，以美的空调冠名，以本报主办，邀请家电下乡职能部门、高校老师、家电经销商、农村消费者代表等人员参加，报社内部邀财贸部、摄美部记者撰文并拍摄。美的宁波公司老总当即认同称好。2009 年 5 月 19 日开研讨会，5 月 21 日专版见报。隔一日美的宁波公司老总来电告知，宁波经销商反映很好，省内杭州老总反映很好，广东总部反映是：向全国推广，要求将电子版发过去，便于全国各地分公司参照。美的宁波公司老总说，我很认同你们这种顾问式营销，与《宁波日报》合作最愉快，花这样的钱值得，今后将与《宁波日报》保持长期合作。他还透露与某媒体的合作因话不投机而放弃，转投浙江卫视；过去与上海媒体接触也觉得他们钱是要的精力是不愿意花的，这样合作就没意思。

客户花了钱还觉得满意、值得，这正是顾问式营销的魅力所在。

见缝插针

2009年"宁波国际汽车博览会"8月27日至30日在宁波市会展中心举行，商报"360度车展"于9月17日在体育场开锣，在这一时段再横刀立马搞个车展，似乎有点难。因为大车展过后车商有点疲惫，想松口气，一口气后商报又兜着。但市场是讲不得绅士的，我们偏要横插一杠，于9月12日至13日在新闻展览中心亮出"金秋赏车会"，招商、征集广告的困难可想而知。然而功夫不负有心人，这个车展进账20多万元，紧接着在9月18日举行"安全行车研讨会"，24日推出特刊，又进账30余万元。9月汽车广告应收达170多万元，同比增100多万元，见缝插针、雷厉风行功不可没。

可以说2009年全市其他媒体、全省平面媒体汽车广告均负于上年，《宁波日报》汽车广告有较大增长形成一枝独秀局面，除重新强力拓展外地广告外，本地在新年推出"牛年牛汽"特刊后，活动不间断且月月出新，作用巨大。

竞争市场"割韭菜"理论成为共识，是活动方案后浪推前浪的基石：对于韭菜你不去收割他人就会去收割，所以要不断出手才能不断有收获，否则只会给竞争对手以空间。

“话题”——广告的高级形式

2009 年以来，做了几个话题式广告：3 月份国家家电下乡政策实施，5 月我们联合美的空调、宁波市贸易局举行了主题为“政企携手 共促农村家电消费更放心更舒心”的家电下乡研讨会；9 月下旬，抓住十一黄金周出行高峰到来的契机，整合车商及市交警支队、市公管处、市保险协会、保险公司举办了主题为“文明行车 一路平安”的安全行车研讨会；11 月下旬，与鄞州区一起举办了题为“甬城时尚夜消费地标正在崛起”的有关“舟宿夜江”发展定位的专家研讨会。

这些话题式广告，效果显著。就对客户的影响来说，他们会觉得你们有策划水平、有创新意识；有号召力、有组织能力；有为客户服务不怕麻烦的精神、有与客户并肩战斗共同去赢得胜利的温馨。此外，客户还会为话题内容刊出后良好的传播效果和热烈的反响而兴奋（家电下乡研讨会刊发后，美的全国总部要求全国各分公司推广宁波做法；行车安全研讨会刊出后，交警、公管领导很赞赏，认为这样的活动最好能多搞；舟宿夜江研讨会刊发后，得到领导、专家充分肯定，鄞州区还出钱让专家一个一个再在版面上谈谈，我们为此开辟了“名家谈舟宿夜江”专栏），这为我们成为客户的宣传营销顾问赢得了先机，并为我们长期合作培育忠诚客户打下了扎实的基础。

就广告传播的影响来说，一个出色的广告创意能让广告实现二次传播、三次传播，最高的境界是让消费者本身成为广告内容的代言人、载体与传播者，而话题式广告内存着再次传播、多次传播的要素。业内有人预言：未来的广告投放方式很可能会改变，到时候广告主花钱买的不是版面、时段，而是话题。

专业三板斧

当我们面对客户的时候，不管你愿意不愿意、有没有准备好，他们总是把你当做专业人士来看。他们各自根据自己对广告传播的理解，向你提出不同的帮助要求，这个时候我们如果能以客户需求为标的，客户要什么帮助我们就给什么帮助，当好客户的广告策略顾问，我们就掌握了广告资源的主动权，何愁广告不跑到版面上来。

“舟宿夜江”要进行广告宣传时，客户老总对广告比较了解，他提出要有别于常规，并客气地说你是专家，参谋参谋。我给了他一个“整版研讨会加每周四分之一版面专家谈舟宿夜江”的方案。他觉得话题类广告形式新、读者注目，便接受了此方案。刊出后效果显著，后来他们突破预算，我们实收广告费46.8万元。

宁波西田信染织有限公司是一家床上用品生产企业，产品几乎全部外销，平时不做广告，金融危机发生后外销困难重重，他们想两条腿走路，拓展内销市场，但对广告传播没有概念，最初发过来的以企业概况介绍为内容的广告设计，他们自己不满意，我们也不满意。后来我们到这家企业与他们老总一聊，我给“西田信”品牌写了一句广告语是：“极致床上用品 唯有自我超越”，下面以“五专”为注释——专设：日本西田信株式会社在宁波北仑区独资投建；专业：拥有国际一流设备、一流工艺技术，并辅以严苛的质量监管；专一：一贯只生产高级家用纺织品，情有独钟，心无旁骛；专造：产品每道流程均出自西田信人之手，绝无外协加工；专营：系列产品均由专卖店、专柜经营，确保产品纯真。此广告文案简洁，特点鲜明，还将企业业务不足给别人加工产品的困境，作为西田信产品均出自本企业之手的优点来宣传，企业老总对此挺满意。过了段时间，业务人员告诉我，西田信在市区开设几家专卖店，请几家广告公司的人员对店面宣传用语进行策划，广告公司提供的用语老总均不满意，认为意境相差很远，无法超越“极致床上用品 唯有自我超越”一语，因此专卖店广告都用了这句话。

杭州银行宁波分行成立一周年，要做软文广告，代理金融广告的广告公司文员不知如何着笔，给予辅导后成文，看后再给予修正意见，最后说不知题目如何出，给予题目为——主题：五月花香飘甬城，副题：杭州银行宁波分行开业一周年品牌效应渐显。银行十分满意，最后调该文员去他们银行工作。广告公司老板心痛不已。

专业三板斧还是要有的，客户要什么可以给什么，心里有底，心中不慌，三板斧出去，广告款进来，皆大欢喜，何乐而不为。

调动一切积极因素

一个人能否办成一件事，要看一个人有没有能力。一个人的能力，包括办成事的决心、技能和可以调动的资源即积极因素。

那天，与浙江船厂洽谈广告，商定以跨版硬广告及4篇软文系列(每篇三分之一版面，以硬广告计费)形式见报。因为要发系列文章，船厂平时不大宣传，资料缺乏，所以要安排一次访谈。访谈中，浙江船厂的控股企业太平洋造船集团董事长梁小雷说，为什么我们能在经济危机环境中、在造船业不景气的状况下依然风光，就因为我们的产品科技含量高。我问：浙船科技含量的核心竞争力在哪里？我们造船的科技竞争力已经在国际领先了吗？梁小雷答：我们与全球著名的海事服务商法国波邦公司有战略合作关系，我们凭借全球化眼光，优化整合世界尖端造船科技，比如瑞典的、法国的、美国的技术我们都可以引进运用。一切都要有自己的科研成果不是一个优的选项。所以我们认为不是我们能做什么，关键在于我们能调动多少资源来完成什么任务。

我们有多大能力、多少资源，我们还可调动多少力量和资源，这是我们完成任务的力量总和。这次浙船的采访任务是在调动报社工交部记者的力量下完成的，我们的一些研讨会，如

“家电下乡研讨会”是在调动宁波市贸易局、高校教师、家电生产企业及经销商的力量下完成任务的，“文明行车 一路平安研讨会”是在调动交警、公管、保险、车商力量下完成任务的，“茶叶海选”活动是调动宁波市茶叶流通协会力量进行的，金融方面为企业与银行牵线的“金桥行动”是调动市企业家协会丰富的企业资源举办的，这些事项举不胜举。这就需要我们广积人脉资源，平时多给人以帮助，才能更好、更快地完成我们的目标任务。

发现并营造业务的抓手

任何人搭台，都要好好想想我们能否唱上一出戏。作为广告人借梯上楼、借船出海、借台唱戏应是惯用的手法。“世博论坛”的广告卖点是甬城历史上规格最高的论坛；“复刊 30 周年”的广告打的是人情亲情牌；“高招咨询会”聚焦的是社会热点；各类评选牵的是市场竞争品牌知名度的牛鼻子。

宁波本市房博会、车博会自是我们的重头戏，对上海的车博会、北京的车博会我们也根据汽车品牌全国性的特点唱响特刊戏；家电下乡我们也抓紧开研讨会、出特刊；商贸节我们想摆汽车展，体育赛事要让饮料酒类供应商来一展风采。

发现业务抓手，还要营造业务抓手。行业协会是块大蛋糕，数量众多，但主动来做广告的并不多，一般只有包装行业协会一年来做一次表彰性广告。如何调动行业协会的宣传积极性，让行业协会为本行业宣传出谋划策并直接付诸行动，就要让协会明白这不但有利于行业发展，也有利于协会威信的提高。行业协会牵头的广告，可以是本行业取得成绩的祝贺性广告，也可以是一年下来对行业内部先进企业、先进分子进行表彰的内容，还要鼓励组织本行业企业品牌形象集中展示、重点展示的画面，使本行业的影响力直达目标群体的心中。让协会做好企业宣传参谋，是我们要做的工作。行业协会抓手效应显现，将成为我们在严峻的经济形势下的广告增长新亮点。

众多的业务抓手期待我们去发现、去营造。

突破与创新

《宁波日报》是对开大报，作为市委机关报，主流、权威自然不容置疑。房地产、汽车、银行、奢侈品等行业整版整版的广告气势磅礴，四开的都市类报纸难有如此气派。

版面大，气势大，刊登整版广告的花费也相应增大，这本是理所当然的事。但有的广告主考虑的不是大投入大气派，他想面积小点效果基本能达到就可以了，但同样的面积放在对开大报是半版，放在四开小报就是一版了，以此类推，便认为小广告在小报更抢眼球。其实广告是否抢眼球是由多种因素决定的，譬如内容、设计、用语、色彩、排版……假如黄金现在是300元左右一克，登一则很小规格的广告，甚至中缝，说某银行搞行庆今天黄金一律250元一克，肯定人山人海，不维护秩序不出事才怪，你看广告的内容有多重要。

在有的商业、餐饮、休闲、养生产品等客户一时仍看好小型张报纸的情况下，我们开拓创新，于2003年9月26日推出了比四开都市报规格更小的八开版型的《宁波日报》广告迷你珍藏版，分A、B、C三叠，每叠16版，共计48版，题名为“我为秋狂”，开创了日报广告小型张的先河。中国移动、中国联通、青春宝、南苑饭店、联想、北大方正、创维电视、凤祥银楼、太平鸟、横店影视城、杭州海底世界、凯地婚纱共50余家单位、品牌在版面亮相，创收可观。

在该小型张广告“发刊词”最后一段写道：尝试或许会有缺失，但只要有这种精神，我们有理由相信，今后的一切会更雄伟，更壮观，更美好！

热点与节点

媒体广告策划最基本的思维，一是要有热点意识，二是要有节点意识。

热点是公众关注所在，传播效果好，也成为客户关注焦点，这时候报媒推出相关专辑，客户积极性高，公众关注度高，工作开展容易，客户出了钱还会感谢你，把你当朋友。比如国家为拉动内需，提倡“家电下乡”，我们应时而动，联合市贸易局及家电企业推出“家电下乡”特刊；媒体揭露不法餐饮企业使用地沟油，我们就联络市烹饪协会及规范的餐饮企业，策划推出“拒绝地沟油”特刊；国家倡导节能减排，我们就动员家电企业及卖场一起亮相“绿色环保节能”特刊。这些活动从新闻热点找线索，策划快，出方案快，跑客户快，响应快，收益快，体现了社会效益和经济效益双丰收。并且这些在众多媒体中独树一帜的做法，获得了客户的肯定与信任，我们与有些客户成了经常探讨问题的好朋友，当然他们的广告也以投放我们的报媒为主了。

节点这里指特定的节日所引起的营销效应。譬如新年到来之际，房产推出“新年画新盘”特刊、牛年新春汽车推出“牛年牛汽”特刊；每年 3 月 15 日到来之前或当日，配合当年消费者权益维护日的主题，刊出以零售企业为主的树立诚信形象的广告版面，如“责任与关爱”特刊，“让消费更和谐”特刊；十一黄金周到来之前，旅游推出“让我们玩转世界”特刊，汽车推出“安全出行文明驾驶”特刊，房产推出“看房去吧，让我们住得更温馨”特刊；年终岁末，就搞些各行业企业评比与盘点，如汽车每年一次的优选车型评比，金融企业的“优秀理财产品盘点”特刊等等。当然每年的住博会、车博会、旅游节、服装节、购物节、美食节等等出特刊，也理所当然成为我们节点营销的重头戏。

区块与线条

房市的热，带动房产广告的热。这些年来，就像房产老板频频亮相财富百强榜一样，房产广告也成为报纸版面的座上客，无可争议地成为地方媒体的广告投放大鳄。

房产会有一些预售、开盘、日常促销、尾盘加推等自然上门要求刊登的广告，此外，不少是需要策划活动去做大增量的。假如你不去策划活动做大增量，广告就会流向其他媒体。

除诸如"人居经典"、"绿色宜居"楼盘此类荣誉授予做特刊外，还有就是轮动做区块与线条的文章。

区块就是把城市划成几个自然的区域，一个一个做特辑。如东部崛起、南部新高度、江北发力、镇海破茧、北仑宏图等特刊。

线条就是按住宅产品划分，将产品物以类聚来做特辑。如别墅风光特刊、住宅精品特刊、商铺导向特刊、写字楼荣耀特刊等。

这样一轮做下来，时间一久，再开些荣誉奖项的评选特刊，第二轮又可展开了。房产广告投放如韭菜，你不去收割其他媒体也要割去，所以我们要以项目为镰刀进行勤快的收割。

灵感的闪

2008年夏，车过下应北路，路旁一溜排开的汽车4S店引起了我的注意，我脑子里一闪，对同事说，这里是宁波最漂亮的汽车销售一条街，我们可以做个专题来宣传这条街，可以把它定位为“景观新车街”。

同事们均觉得这个想法不错，这样可以把整条街的汽车4S店都动员起来了。据了解，这条汽车街是上一年初开始逐渐形成的，北接高速公路宁波东出口，南连鄞县大道，全长数千米，聚集了宝马、奥迪、路虎、捷豹、沃尔沃、丰田、马自达、北京吉普、道奇、克来斯勒、大众斯柯达、奇瑞、江淮宾悦等品牌。

我对同事们说，我们以“下应北路崛起:景观新车街”为主题，发起“车·街发展趋势研讨会”，邀请各门店老总参加，并在专版做广告配合宣传。业务人员积极行动起来，4S店反响热烈，每家都参与，使得研讨会能在短时间内顺利召开。

作为研讨会的主持人，我在会上说:“产品讲品牌，店家讲品牌，街的品牌也不容忽视。北京的王府井、上海的南京路、宁波的中山路，城里或外来的人们购物或逛街就会往那里跑。买衣服、化妆品往哪里去，购家具、家装材料往哪里走，要一款靓车奔哪里，人们购物首先想到的是哪一条街(街区、购物城、购物广场)，来到街上后，再选择进哪几家店，最后才选定品牌……购车去哪里？若人们首先想起的是下应北路景观新车街，那么这条街就初具品牌价值了。打造品牌车街，是我们这次研讨会的目的所在。”

以这次研讨会为龙头，我们出刊了8个版面的“车·街”广告特刊，创收数十万元，而且还进一步密切了与汽车经销客户的关系。有时一闪验的灵感是能产生效益的，善于捕捉灵感是能够带来快乐的。灵感来自于厚积薄发，来自于日常的积累和思考。

荣誉之后

市场的主体是读者、是民众，所以媒体的“海选”活动，有着更为广泛的群众基础、市场基础，从某种意义上说，它比闭门造车的主管部门评选更有亲和力、更为时尚、更有说服力、更有针对性、更有活力。

2010年底由《宁波日报》发起并主办的“市民自驾游宁波优选目的地”海选活动、“市民优选旅行社”海选活动，市民参与热情颇高。达蓬山旅游度假区、郑氏十七房、宁波海洋世界、凤凰山海港乐园、前童古镇等10家单位荣获“市民自驾游宁波优选目的地”称号；宁波中国青年旅行社有限公司、宁波中国旅行社集团有限公司、宁波中国国际旅行社有限公司、浙江飞扬国际旅行社有限公司、宁波国际旅行社有限公司等10家单位荣获“市民优选旅行社”称号。

荣誉的获得是市民对各个单位工作的肯定，也是各个单位全体员工努力的成果。但荣誉获得后有更多工作要做，各单位应以此为契机，制订“优选景区”、“优选旅行社”优质服务规范，就像五星级酒店有一系列设施硬件、服务软件规范标准一样，景点、旅行社也应有“优选级”标准，使优选单位的软硬件服务上新台阶，使优选单位的企业、品牌成为业内优质服务、放心服务的楷模、代名词。

还有一点，就是要让荣誉发挥潜力，获得最大的效益。旅游业内单位众多，数不胜数，谁是做得最好的，要让人知道，要家喻户晓。朋友们每当想去旅游时，去哪里？跟谁走？往往是个问题。有了"优选"的指引，这个问题就迎刃而解。获得了"优选"荣誉，还要设法让"优选"的品牌传播出去，这就要花费一定的精力、财力，让"优选"的品牌嘹亮起来、高扬起来。这个过程中，作为品牌传播的专业人士，我们愿意助力。我想市场的潜力是无穷的，就看我们的目标是否正确，方法是否得当。

策划的逆反

媒体广告竞争激烈，策划的作用凸现出来。面对一家客户，谁的策划方案优级，谁就处于竞争的有利地位。不少媒体在推出策划方案时，往往给客户以各方面的优惠，久之，每逢节假日等特殊日子，客户虽要投放广告，也要等各媒体的策划方案出台，以便享受到更为优惠的政策。

当策划成为机械，成为必然，策划的本义也就被颠覆了。

策划的核心是效益。当策划不能带来更大效益时，策划便应终止，否则投入产出的性价比不高，甚至效益逆转，这是错误的策划。不能为了策划而策划，要牢固树立为效益而策划的意识。

5 月 17 日是世界电信日，往年我们都有一个配合通信企业搞宣传的策划活动，2011 年我们提前获知各有关单位宣传方案已定，重头戏在日报唱。我们便以静制动，安享效益的发生。这样配文少了，版值就提高了。

其实，对于一些商业类广告，我们早已取消为策划而策划的做法，长假来临前几天，往往是商业广告的狂轰滥炸期，这个时候可以静制动，以利版面效益。当客户广告投放积极性不高时，则以策划创造效益。当然有时也可顺势而为，把效益最大化。总之，什么时候推出策划，什么时候以静制动，要具体问题具体分析，分析的核心标尺是效益。

陆龙海产重绿色环保

陆龙海产品，品牌已获中国驰名商标称号，因部分海产品为腌制品，所以环保、绿色成为公司追求的目标之一，并取得了显著成果。

在我的办公室，我与陆龙董事长陈苗龙先生一起探讨，作为宁波地方特色海产品，消费者最关注的是哪些要素时，我认为一是口味，二是健康。口味是食品企业研究的当然，这里不说了，对于有部分产品为腌制品的海产品来说，健康是消费者实施购买行动的关键，所以陆龙产品一定要是绿色食品。陈苗龙说英雄所见略同，陆龙已获准使用“绿色食品”标志了。

但陆龙产品成为绿色食品还不够，作为在市场中不断拼搏的公司，它需要将公司的理念及成果宣传出去，否则这些成果的价值效应就显现不到位，就像一位巨人有力气却没有使出来，很可惜，所以陆龙应在这方面做些宣传。

因此，我们策划“为环保呐喊 绿色大行动”产品展示时，邀请陆龙参与，陆龙公司董事长很感激，特地来电表示感谢，并说以后再有这样的活动也不要忘记他们。这就是营销的针对性问题。我们要善于分析客户的口味和需求。

营销需要理论支撑

停靠在老外滩的“珍宝舫”船餐厅，是宁波颇有特色的餐饮场所，其老板姓王，是一位颇有点子的文化人。

近年，盱眙龙虾火爆甬城，时序已夏，王老板便策划在船顶露天平台上推出“江风、江景、啤酒、龙虾宴”，并亲自策划广告，题词曰：“甬江，外滩，轮船，啤酒，龙虾，阳伞。聚得朋友三五个，共享三江一片天。”一派得意。

他客气地对我说，您是专家，我在日报打一次广告，您看怎样？我笑笑说：我们广告界有一种理论，新推出的项目，要给人较深的印象，最好能打六至七次广告，就像医生治病，服药要一个疗程才有效。他听后大笑，连说有道理有道理，那就照你说的办，打六七次广告吧。

在这次扩大营销战果中，“专业理论”起到了四两拨千斤的作用。

感悟

——心的指引

必胜客月月推新品

必胜客之类的洋快餐，对长期生存于中华大地的成年人是没有什么诱惑力的。小孩却记挂在心，每隔一段时间就提出要求品尝一次，并且花样繁多，要“超级至尊”、“普天同庆”或“骑士盛宴”什么的，选其一而食之，每次都吃得津津有味。

我看这些不同名称的必胜客产品，制作方法是一样的，原料也差不多，无非是面粉、奶酪、甜椒、香肠、牛肉、猪肉、花生之类。那么必胜客让小孩记挂的魅力何在?

我略一询问，答案就有了。原来必胜客除有长期供应的镇店品种(如“超级至尊”)外，每月再推出一款新品，什么“普天同庆”、“骑士盛宴”、“新奥尔良”、“一千零一夜”、“深海雪鱼”等。这样小孩就常惦记着必胜客是否推出了新品种，有尝一尝新口味的兴趣。有了这种不断出新品的营销策略，必胜客生意就必胜了。

在竞争激烈的市场中，不断出新品确是制胜的法宝之一，做广告也如此，要不断推出客户认为有味道的新策划、新方案，这样就会活水长流。

独树一帜的大口瓶

在厨房清理杂物时，发现有不少玻璃瓶，有盛蟹糊、泥螺留下的，有盛咸笋、花生酱留下的，还有装其他什么东西剩下的，总之不少，有十数个吧。这些透明的瓶子，洗净后十分清爽，扔了觉得可惜，所以积聚起来。

瓶子放着占地方又长时间派不上用场，这次实用主义思想占了上风，下决心想把它们清理掉，但却发现其中有只瓶子特别可爱，还是将它留存下来。

这是一只怎样的瓶子呢？原来这些瓶子绝大多数都是长条形的，只有一只是瓶口直径尺寸比瓶身高度还大的扁形瓶，平时也不多见，因而觉得有一种独特的美感与气质。其实长条形瓶是比较符合美学原理的，只不过多看产生了审美疲劳，所以电影、电视里俊男美女看惯了，也需歪瓜裂枣的丑角来调调味。

要给人留下深刻印象，独特性是关键。当策划满天飞，市场效果越来越“朦胧”时，要果敢地寻找独特性在哪里。

吃玉米的造势——榜样

乡下亲戚送来一些新鲜玉米，用高压锅蒸了后一家三口准备享用，儿子却说他不爱吃，这么多玉米少一人消耗的话，剩下的会更多。我想必须动员他参与进来。但他不爱吃，我们一定要他吃的话，他是不会给我们这个面子的。

一般来说，这种挺嫩的俗称为糯米玉米的玉米，由于体形较小，吃两三个刚好，吃四五个也应付得下。由于玉米多，任务重，我给自己定下上限的消耗量，并以此来诱导儿子参与，这种事是不能给妻子太大压力的。所以我边吃边大呼好吃，而且是迫不及待不间断地连续吃。儿子见状说我也试试味，一吃就说味道还不错，吃的数量居然与我持平，基本完成预定任务。

这就是榜样的力量。我们拓展业务有时也需要实施“榜样”引导策略，让个别龙头客户成为其他客户的“榜样”，带动整个行业的广告量增长。当然我们要给予龙头客户以特殊策划。

修洗衣机与电视机的启示

家里客厅的电视机坏了，隔几天洗衣机也出了故障，都是10年左右的家什了，修的意义确实不大，曾经出状况修理时师傅就建议：该换新的了。当时说下次坏了就换新的。这次就不用多考虑了，豪爽地说：不修了，换新的。

电视先没了图像和声响，过几天洗衣机工作时水从底下自由地流淌，都不按指令办事了。换新的主意一定，钱也不是问题，按理是电视机先换或是两者一齐解决，可实际情况是，崭新的洗衣机过了三四天立马到位，两个月过去了，客厅的电视机还是不声不响的。为什么会这样呢？原因太简明了：洗衣机是一天两天就要用的，少不得，必须六百里加急，尽速解决；电视机虽说常用，客厅里的坏了但卧室中也有，可以替代，所以不急，就拖延下来。

我们在广告营销工作中也常常遇到这种情况：急着做，不拖沓，事情就顺利办成了；慢一步，拖一下，事情就拖下来，甚至失去成功的机会。因为拉广告是竞争性工作，急着做尤其重要，买电视倒是不会失去机会的。

尿布与啤酒

有一则短文谈到，美国一家大型超市，啤酒销售不理想，数次调整货位均未奏效，索性不理它，见婴儿尿布旁货位有空，便随意先放上，以后再作调整。不想啤酒销量明显增长，而且是持续增长，超市人员百思不得其解，后经观察，才恍然大悟。

原来小夫妻养孩子，妻子在家哄孩子，买尿布的差事就落到丈夫头上了。年轻男人进卖场，目标明确，直奔主题，叫买尿布，买了便走。现在忽见旁有啤酒，顺手来一打，放入购物小推车，这样“顺手牵羊”的事还是干的，于是啤酒销量大增。

有的看来挺怪异的事，往往有其内在的逻辑，我们要细细体味，认真分析，才能见识庐山真面目。反过来，我们在日常营销活动中也可突破常规，剑走偏锋，出些怪招，说不定也能起到意想不到的效果。

百年通用破产的启示

2009年6月1日,历百年辉煌的美国第一大汽车企业——通用汽车公司向纽约南区美国联邦破产法院申请破产保护。

通用汽车公司成立于1908年9月,曾是世界上最大的汽车制造企业,在2008年以前,连续77年蝉联全球汽车销量之冠。作为20世纪最精粹的美国企业,通用汽车公司在鼎盛时期占据美国汽车市场超过一半份额。进入通用工作,一个普通工人便晋级为中产阶级,是实现风光的美国梦的象征。通用汽车如今在全球拥有23万名员工,日均产车2万辆,为超过100万美国人提供医保和退休福利。

就是这样的庞然大物,居然轰地倒下了,百年、第一等光环,不足以支撑大厦的倾覆,令人心颤。一切都在变化中,千里长堤溃于蚁穴,合抱之树始于毫末,所以对于未来,重要的不是此时的地位、规模、强弱,而是发展方向。方向不对,再强大的个体,也将随着时光的流逝,落花流水春去也;方向正确,一粒种子,必将在阳光雨露下长成参天大树。

立顿与中国茶

英国《金融时报》2009 年 9 月 15 日刊载作者为汤姆米勒的文章，题目是：《为何外国人能在中国人自己的地盘上打败中国茶商？》北京一家报纸也在此前不久刊登一篇文章提出："为什么立顿能打败中国 7 万多家茶叶生产公司？"

有一个观点给人以启发：立顿茶不是出色的茶，但立顿经营者却是出色的企业家。

以往什么"立顿入口，龙井洗手"，纯属营销词语，并非品质词语。有人认为立顿销售的其实是方便的生活方式。人们快节奏的生活和工作方式，成就了立顿的市场地位。

"会做的不如会卖的"。所以光有好产品还不行，关键是找准市场定位，搭准需求脉搏。触类旁通，产品不是一流也不是做不出好业绩，找准需求，精确制导就是了。

现场促销与临门一脚

在球场大汗淋漓，驰骋搏杀，紧要关头还靠临门一脚，方算建功立业，否则再苦再累，只能算是没有功劳只有疲劳，足球场上的临门一脚确实不容小觑。

前些天用了十几年的微波炉不灵了，想时日已久，也就不去修理，打算买只新的。买小家电也不用专跑家电卖场，去了离家近的一家超市。超市的家电区域，微波炉似乎只有两个品牌，格兰仕与美的。货架前，只有一个促销员，正在为顾客介绍美的微波炉的良好性能。我一看她没空接待我，便先来到格兰仕产品前考察。格兰仕是以微波炉起家的，品种也不少，但看上去美的产品更时尚。我瞅准促销员停顿间隙，说你给推荐推荐买哪个品牌微波炉性价比高些？她很干脆地回答当然是美的了。我说格兰仕是微波炉的老牌子了，技术要过关些吧。她说美的是高科技，关键用料也都是进口的，又漂亮质量又好，当然选美的了。

在这个现场格兰仕是没有促销员的，明显是落在了下风。消费者其实是不太具备产品的专业知识的，听谁一解释，觉得有点道理便信了，于是成交。

想想从这么多的人中，选出一部分要购物的人；从购物的人中再划出一部分购家电的人；从购家电的人中再挑出购微波炉的人，是多么的难得。现在购微波炉的人，就在产品面前带着搜寻的目光站着了，有的品牌却少了临门一脚的人，这是多么可惜啊。除非大家都不可以现场促销，否则这一环是必不可少的。在此我理解了酒店里促销员对酒品牌促销的巨大效应。我们的广告客户，就是捏着钱站在微波炉货架前琢磨买哪一品牌微波炉的人，我们的竞争者在客户门前跑得勤，我们岂敢落后？客户的钱，有时就等我们临门一脚。

展示一幅迷人的画卷

久雨之后，阳光下的山道格外清新。一行人踏着碎石沿涧溪而上，水声潺潺犹如乐鸣，流急石碍处激荡起丛丛白色浪花，潭沉水碧处清澈见底，潭底沙石在阳光彻照下闪烁，迎面的景色随脚步的移动而变幻，仰观山势有北方之陡峭险峻，杂树生花却是一派典型的江南秀色，一两处山岩凸林木矗更添几分雄奇，途中，路右有龙王庙依山而建，据称有求必应，十分灵验。

这是奉化市莼湖镇九峰山水库上游平缓山径。其实，车上水库大坝，沿右侧环库而行至半，贴山而成的九峰禅寺蔚为壮观，当下就有“天下名山僧占多”之感慨。一路再进，道旁含苞欲绽的野樱花与林中已勃勃怒放的梨花遥相呼应，涧溪中似兰花叶的一小片一小片水草，在水流中摇晃，在阳光下油亮油亮。从城中车水马龙污浊之地，来到清净脱俗森林氧吧，一行人由衷感慨：真乃世外桃源也！再往前，见破败群屋，听介绍知是“铁姑娘队”居舍遗迹。“铁姑娘”是上世纪六七十年代“农业学大寨”的产物，当时是有志姑娘们响应号召，开山垦荒种粮，现如今，断壁残垣顿添历史沧桑感：姑娘已老，山花依旧；热闹风逝，流水幽幽。自山流入库处，循水声而上，至“铁姑娘”旧居六七里地，自然景观与人文胜迹交相映融，风和日丽，稀有人行，此处佳绝，数日不忘，因以记之。

天地有大美而不言。由此及彼，我们广告营销，针对有悟性的客户，也不必喋喋不休，将本报好的广告样板呈上，略作点睛式讲解就大吉了。好的广告样板就是我们的景色，我们必须收藏，以备客户欣赏。

脚步不可以停下来

由于业务关系，我去拜访北仑一家日资企业，该企业专业生产床上用品，听说质量不错，企业的老总也客气，要我们再延后一星期，待樱花烂漫的时节进入他们的厂区。

我们心中有了期待，想日资企业管理比较注重细节，一次普通的工作访问，尚如此费心要让客人留下美好印象，那肯定是环境幽雅的花园式工厂了。

车入厂区，映照眼球的，确是一树树怒放的樱花：厂房四合而建，中央一块绿地，花期的樱花树，巨大树冠繁花锦簇，花色蔽天，树下几张休闲桌椅，释放出闲适生活的惬意信息。

厂办主任引导我们沿绿地走了个直角进入车间，一种落差强烈体现出来：不那么整洁的楼梯、相对陈旧的设备、随意松散的生产现场，我觉得与我们一些先进的内资企业相比是有不少差距的。

从生产车间出来，我特地留意一下厂区环境，洁净度也有待提高。

本来不打算用餐，老总客气地说，体验一下我们的工作餐环境。时已正午，不好意思推托，也想体验一下日资企业的工作餐形式，便答应食堂用餐。办公室主任与营销部经理引我们到食堂，我们走在前面，她们喊：走过头了。我们回头，她们指着一处墙上霉迹斑斑、地上瓷砖污迹处处的包间说：这里。我们一愣，她们进入，我们跟进。再一拐进入铺有地板，清洁度好不了多少的小间。她们介绍说：日本人来了也是在这里用餐。我感到三菜一汤还清爽，但环境不敢恭维。

谈话中，她们对这里的一切颇感自豪，我们觉得与外界已有不少差距。

我想，建厂之初这家企业各方面应该是先进的，但二十几年过去了，它还在原地踏步（产品全部外销，没有随市场潮流前进），而且尚未觉悟这种差距的存在，这的确是危险的。

我内心感受到企业要立于潮头，脚步是不可以停下来的。

雨中的等待

家里有大露台。露台植有茶花、杜鹃、桂花、金橘、月季、宝石花、蔷薇、蟹爪兰、太阳花、仙人掌等一众花草。一年四季多是花色艳丽、香气缭绕。

下班回家或在假日，沏茶一壶，握书一册，在露台昼则仰观白云悠然抑或乱云飞渡，入暮则对接无涯苍穹、星光明月，直至思游无极。此时之乐，心旷神怡，物我两忘，天人合一。

播弄花草，浇水不能马虎，尤其是盛夏酷暑。一不留神，神采奕奕的花、叶，经一天烈日的暴晒便蔫了。夏日炎炎似火烧，土壤水分的蒸发如不及时补充，依附其上的花木便将虚脱枯萎。

有了这样的认识，酷暑季节不敢稍有懈怠，浇水之事几乎日日行之。

阳光灿烂，万里无云，酷热天气，花草生长倒也正常，反正每日时近黄昏便浇一遍水。

有几天天色阴沉，气象台说有雨，雨也淅淅沥沥下了几滴，再说受节约用水观念影响，就想等等吧，下了雨，就省得再浇了。这样的日子持续了几天，要不要浇水始终是一个矛盾，在等待大雨到来中，花叶开始枯萎了。不管下不下雨了，赶紧浇水吧，挽狂澜于既倒，大部分花叶总算缓过神来了。

觉醒：在酷热的暑天，小雨是湿不透土壤的，无所作为的等待，将使花草无以为生，后果严重。

大悟：在严酷的环境下，人有了警惕倒不大会发生危机，错误往往在不那么严峻的环境里不知不觉中犯下。

旁通：经营者必须警惕有利环境中的危机因素。

远路先达

一个假日，朋友来电，说有事相商。他客气地说，省得你动车，就在你家附近的某某宾馆大堂碰面吧。我知道他家住市郊，便说那你辛苦了。

我估计他到达目的地需30分钟左右时间，而我到宾馆大堂步行用不了5分钟。一种从容感油然生成。于是泡一杯茶，展开报纸，在沙发上坐了下来。

20分钟过去，我准备出门。手机响了，是朋友的声音："老兄，我到了。你到了吗？"我忙回答："马上到，马上到。"

碰了面，我说："这么快，我以为至少还需要10分钟时间呢。"他回答："今天马路上车少，且一路绿灯，有时候半小时还不一定能到。"

回来路上，从朋友路远先达，想到了龟兔赛跑。从容感、不当回事、大意、麻木，往往使结果向反面呈现。

从工作现实看，一场大的、复杂的业务策划，由于引起各方面高度重视，研讨、出方案、开会布置、分兵点将、抓落实，常常做得相当顺利；有时一个小活动，随便叫某人负责一下，也不去检查过程环节，最后反而疏漏不少。

"认真"两字，价值千金。

有用原则

春季来临，露台几只草本花的花盆，一改冬季空空荡荡的模样，发芽、长苗，绿意盛盆。去年花草自然播下的种子长出的苗儿与不知名的杂草一起疯长，我的任务是确保去年的艳丽在今年重现，我将不会开花的杂草拔去，留下草本花的苗子。过了几天，杂草又长得密密的，又耐心地删去它们。春天的阳光雨露太有力量了，几天过去，杂草又是绿油油的一片，颇有“哪能拔得尽，春风吹又生”的意境。有时一想算了，让杂草疯长吧，未见得不是春天，但一转念，我的花盆就那么大，杂草横行了，花儿还能自如艳丽吗，还得拔掉它。就这样，一而再，再而三，与杂草过不去，保证了花苗长大，鲜花盛开。这个过程，内心一声感叹：即使是一棵草，也要有用啊！否则在有限的空间，连立足之地也没有。

在媒体广告竞争激烈的今天，我们在客户眼里是花还是草，是工作能否有成效的关键。作为花，客户是需要的，他会想方设法地培育；作为杂草，他不需要，他有太多事要干，包括培育花，你找他，他觉得厌烦，要远离你。

如何成为客户眼中的花呢？就是有用原则，对他经营有用就是花。你的策划、你的文案、你的设计等等，若能高出同行一筹，使他眼前发亮、头脑发热，这就成了。但如何能“高人一筹”，则需要我们好好下工夫。

重点客户定时巡航

一家好些时间不见动静的客户，在其他媒体露面了。我找来相关业务人员问情况，业务员说，过去接触过，客户没有广告投放意向，好长时间没接触了，也不知具体情况如何。

该客户是某行业颇有代表性的一个点，我赶紧要求业务员去了解情况，说不定有变化发生，如负责宣传策划的主管调动，宣传意向改变等。

就这件事，我想起了另一件事。有一次我回家晚了，大约是晚上 11 点左右吧。我停好车，看到小区的保安走过来，拿卡在旁边的墙上一照，我说这是干什么呢？回答是：我们晚上巡逻，除自由行动外，还必须在一定的时间在一定的地点出现，我刚才打卡是制度的要求。我想这倒挺科学的，人不能仅靠自觉行事，人越多的团队越需制度来保证，夜静更深，谁能保证每个值勤人员不打瞌睡，值勤人员一打瞌睡，安全的网就有缺口了。定点巡逻使负有责任的人懈怠不得，所到之处必然是安全制高点，把制高点连成一线，保安人员身影经常出现，安全便有了保障。

这对我们是有启发的：我们媒体广告每条线上的业务人员，要理一下自己线上的众多客户，哪些是重点客户，对于重点客户，不管有没有情况，必须每隔一段时间定期拜访，这样才不至于信息滞后，财富遗漏。重点客户定时巡航，应成为制度，当然方式可以多种多样，做法可以各显神通，但对确定的巡航对象不可以一问三不知。

做一个买单的人

那天与一个姓杨的房地产老总聊天，他说自己为什么走上经商之路，这里有个故事。我与他是多年老朋友了，以往他没有告诉过我，那天可能是酒精的作用，他显得特别的兴奋，我听了后觉得颇有意思。

他原来在一家建筑设计院工作，工作时间长了，一些相处好的客户成了朋友，有时朋友们以家庭为单位进行聚会。几次聚会下来，他的夫人发觉，都是他的朋友们买单。下一次聚会时，他再邀夫人同行，夫人不答应了。理由是每次都是朋友买单，不好意思再去聚会了。

这件事对他刺激很大。当时他在设计院工作，专业对口，收入也高，人家一年的收入，他或许一月半月就有了。但作为工薪阶层，随意在饭店请客似乎还有些拮据。

他经过几天痛苦的考虑，最后决定辞职。单位的领导、同事都挽留他。因为这么吃香的铁饭碗，许多人想找也找不到，小青年不要一时冲动，走错了路。但他谢绝了挽留，心意已决：要做一个买单的人！

从此，他风里来雨里去，为实现内心的梦想，痛并快乐着。最终有了今天的成就，买单自是不在话下。

有时候一句话、一个动作、一件微小的事，往往就改变了人生的方向，甚至一生的命运。

同理，与客户交往中，有时一句话、一个动作、一件微小的事，往往就影响了客户的决定。当然，这一句话、一个动作、一件小事要直达客户的内心，就需平时多观察、分析、思考。

心的指引

2010年初夏，与国内厨具业领军人物、欧琳集团董事长徐剑光闲聊，他说现在自己在做的事，最优先考虑的并不是赚钱，而是如何在生命的历程中留下痕迹。他说企业做大了，要有完美的发展。厨具产品上了轨道，现在有专业人士负责。徐剑光侃侃而谈：我现在专注于千玉琉璃产品，这是一种很有艺术感也很有历史感的产品，是历史与艺术的结合。它埋藏在地下三五千年都不坏，能流传后世。现在，前美国总统布什、前英国首相布莱尔及一些博物馆都收藏有千玉琉璃产品。时光流逝，千百年过去，一切都模糊了，但人们看到千玉琉璃睹物思人，还能考证出徐剑光曾经有创意、有声色的存在。人来地球走一趟，就要留下自己的痕迹。

9月6日，新闻媒体披露：美国富豪盖茨、巴菲特将来中国“劝捐”。因为这两人早些时候在美国发起“富人将一半财产捐献出来，用于慈善事业”活动，已获得美国40位亿万富翁响应。9月29日，盖茨与巴菲特将邀请50位中国富豪共赴一场“慈善晚宴”。新闻说许多企业家怕被“劝捐”刻意回避了。但有中国首善之称的陈光标站出来，承诺离世时将向慈善机构捐出自己的全部财产，并说“在巨富中死去是可耻的！”“把全部财富归还世界，让更多遭遇不幸和贫困的兄弟姐妹共享。”这种胸怀与气概赢得了一片喝彩。

不同的人们有不同的目标、不同的向往，有的甚至有天壤之别。你跟人谈话，要先看清楚前面站着的是谁。有时听了一些爹头娘脚的话，人们会觉得可笑，哪还谈得成事呢？

广告效应

组织汽车及商场客商去内蒙古考察，吃的团队餐，实在不敢恭维。导游倒也聪明，变着法子让我们调口味，叫我们加些钱去品尝据说在当地很有口碑的火锅。有了几餐的折磨，大家觉得这火锅的确不错，涮羊肉不用说了，连豆腐、土豆片、萝卜片、青菜之类都别有风味。大家都说，怎么我们吃火锅的胃口这么好，又有人反思：可能是总算对了点胃口吧。

自呼和浩特去草原途中，导游给我们介绍：当地有一种面食叫莜面，内蒙古人为什么身体强壮健康，就是吃牛羊肉及这种面食为主，常吃这种面食，不但不会有高血压、高血脂、高血糖等现代病，即使有这些现代病，也会消失，功效很好。因为有这种功效，现在当地的莜面馆生意很红火，而且开发出高中低档产品，高端的上万元一桌也有，有的数千元一桌，也有几百几十元一桌的，以吸引不同层次的消费者。接着问大家有没有兴趣吃一次莜面，大家说：有！

导游并不立即带大家去莜面馆，从草原、沙漠一圈兜下来，才引着大家去了莜面馆。有了理论垫底，大家的期望就有些迫不及待，一叠六笼，比小笼包子笼屉还小一点，不同的笼屉里条面、块状面、带馅的卷状面各不相同，再上两盆一热一冷汤料，接着各人根据自己选择，挟一些面，舀一些汤，享用了。大伙说味道还不错。我问一位车界老总，你估计这一笼屉大约要多少钱。他说50元总要的吧。我说这就是一般的面食呀，哪要这么贵。问了服务员，说是十元三笼屉。大笑。大伙说老总真有钱。后来，我们的业务人员告诉我，其实只要一元一笼屉，因是导游带来，要分成，所以才三元一笼屉。价格只是一元钱的产品愿意付50元钱去买，都是导游做广告惹的祸。我说这广告的力量大不大，要销售好，就要宣传好。大家都笑说对对。

内蒙古行近尾声，购土特产是导游安排的必然行程。到了一处超市，大家大包小包的牛肉干买了不少。后来队伍里一位女士说，有种叫"广发草原"的品牌牛肉干特别好吃，因为她们单位的内蒙古客人，曾经带来让大家品尝过。这次她还把"广发草原"的包装带来了。说着她拿出包装袋让大家看，还让大家品尝她刚购买的"广发草原"牛肉干。大家肚子也饿了，一尝都说好吃。因为已经到了晚餐时间，明天一早又要返程，所以晚餐后车一送我们到宾馆，大家赶忙寻找卖牛肉干的店铺，接着大伙把宾馆旁边一家卖牛肉干的专卖店的十几大袋"广发草原"牛肉干全买下了，还问人家里面还有没有，听说没有了，就对老板娘说，你明天一早再去进点货，我们明天一早再来。老板娘说你们真有钱，我明天早点开张。你看这广告的作用有多大。

营销的环境

临近春节，欲去商场购件棉衣类冬装。来到中山路与江东北路交叉口的金光百货，店内暖融融的，转了几家门面，细汗便出来了。正想空调怎么开得那么高？既不舒适，又不低碳，还浪费钱。抬眼一看，有的营业员已经穿短袖了，脑子里一闪：今年似乎是暖冬，汗涔涔的，冬装不合时宜就再说吧。

出得门来，妻子觉得没有完成任务，一定要拉着去另外商场看看，于是便来到宁波大酒店旁边的新世纪。时序属冬，店内温度适宜，看了几处柜面，本人不是耐得下心来逛商店的那类人，便迅即购了两件薄棉衣打道回府。

事后再想，为什么一心打算买件棉衣，首选金光百货，最后没有成交，到了新世纪，成交似乎没有什么障碍呢？答案是金光店堂的温度太高了，汗都出来了，春天、夏天就在眼前了，买什么冬装啊。环境错位了生意就不好做了。所以营销是讲究环境、气氛营造的，这方面也要动动脑筋，不可掉以轻心。

雪野与包装的魔力

虎年正月初一，推开窗户便一阵惊喜，哇，屋顶、草木一派银装素裹，对久不见雪影的甬城人们来说，这是难得的景观。

按惯例，正月初一要带一家子赴奉化向父母亲大人拜年。整装上车，外乡人多已返乡，道路通畅。出高楼林立之城，自宁波东上高速，视野开阔起来，放眼望去，天地一色，浑然苍茫，田野衰草已由银雪覆盖，显出臃肿憨厚的样子，公路两旁及中间隔离带的灌木在微肥的白雪覆盖下透出点点绿色，往日坚硬的景色大变，显示出柔和可爱、风情万种、魅力无穷的一面。我一边驾车一边感慨：雪一下情景与往日便大不相同，说明打扮与包装可以大幅改变人及事物原有的样貌。

以往对通过整容而容光焕发的人造美女之类，嗤之以鼻，总觉得是虚假的，不是原汁原味，不够自然，将之与造假及伪劣联在一起。前些日子，有媒体说韩国、日本观众不爱看中国电影，原因居然是演员太丑了。当时想，韩、日观众也太肤浅了，演员以剧情、演技来衡量，怎能以美丑论是非呢。但再想想，既美丽又有演技的演员，确实更能吸引人，特别是情感剧。爱美之心人皆有之，否则人们就不会花钱到处去旅游跑景点了。

据此，由于某种需要，譬如演员要面对观众，做些包装甚至于整容也是可以理解的，甚或可说是必须的。经济活动中，方案、说辞、材料、样本在核心准确的前提下，做些修饰、包装，则是不可省略的，修饰、包装是否到位，这是水平高低的问题。这是一门艺术。

客户是可以说服的——语言的力量

西藏之行是难忘的，一些感悟如景点的印迹，未因时日的推移而淡去，反而觉得应留下些语言文字方能释怀。

入藏铁路甫一开通，由于票源紧张，我们商贸考察团一行十余人在成都上车。车至宝鸡站，停留时间较长，于是下车活动活动筋骨，站台上卖瓜果、烧鸡、纯净水之类的小贩不少，我们信步来到一辆装载有小圆瓜的独轮车旁，卖瓜的汉子招呼：买几个瓜去？我们随口问：甜不甜？汉子答：胃不好就不要吃，太甜了。听到这样的回答，同行的就嚷嚷，弄几个尝尝，于是拎了两网兜上车。生意做成了，那汉子越发有劲，“瓜来、瓜来”地嚷开了。其实我们是不想在这里买瓜的，因为在成都上车的时候，已经扛了几箱水果在车上了。为什么我们改变了注意，是他的“胃不好就不要吃，太甜了”的一句促销语起了作用。许多人身处外乡，认识新事物、增长新见识的欲望便蓬勃上涨：这宁波没有的瓜，究竟甜不甜？这汉子看上去挺憨厚，究竟诚实不诚实？瓜甜到胃不好不要吃，究竟甜到了何种程度？反正胃都是好的，检验一下吧。

接下来几件事有异曲同工之妙。当导游带我们一行进入当地旅游购物中心时，大家都有抵触情绪，热情不高，都抱着溜一圈出来的态度。导游便鼓动说，这里的牦牛都生长在多少多少米以上的高寒地区，吃的是无污染的冬虫夏草，味道和营养价值绝对一流，而且无假冒伪劣。冬虫夏草！无污染！无假劣！想想自己生活的城市，有的食品的确不能令人放心，于是纷纷慷慨解囊，大包小包满载而归。有人说，原本不想买，一买居然买了这么多。

随后在布达拉宫，感觉确实壮观，但上面平台的厕所气味很是刺鼻，大家觉得还是忍忍算了。有人忍不住了说，这是地球上海拔最高的厕所，留个纪念吧。于是人人都进去领略在地球上海拔最高的厕所“飞流直下三千尺”的壮观气势。

从拉萨去林芝的车上，一对夫妻的话也颇给予启发。女的拉过男的手来说，喂，你看，这品牌化妆品就是好，我给你的手背一半涂了防晒霜，一半没涂，野外一天下来，手是一半白一半黑，这试验效果绝了。话音刚落，同车的女士纷纷打听，什么品牌呀，这么神。她说，出发之前我在我们店里买的兰蔻。许多人热烈地议论，结论是回去也买一支试试。本人对化妆品的宣传功效是不信的，也确实记不住五花八门的化妆品的品牌，但这回却记住了兰蔻，至今仍未遗忘。其实，我当时就问她丈夫，真的一半白一半黑吗？回答是：天方夜谭。但她却说是真的是真的，大家似乎更信她的话。

人是可以说服的，语言是有力量的，关键在于说的方式、方法和技巧。

相同事物的不同感受

行走内蒙古，飞机抵达呼和浩特，当晚就宿于一家名为金仕顿的四星级宾馆，队友均见过世面，四星级宾馆高低可就，一夜无话，期待明日草原行程。

第二天一早，车自宾馆直达草原，行程 90 公里，越阴山山脉，来到一处有着稀稀拉拉草的希拉穆仁草原。这里的草原用铁丝网隔开，表明已分草到户，有三四十只蒙古包矗立其中，供游客就餐、住宿，还有骑马项目，算是旅游景点，就像江南一带的农家乐。

当时是 8 月下旬，我们宁波的气温是三十五六度，说是内蒙古气温低，但我们着 T 恤下飞机觉得正适宜，但到草原气温就不一般了，队友穿长袖衬衣嫌冷，下车立马穿上外套还是耐不住逼人的寒气。草原似乎要表现一下它的个性。天一下子又飘洒起雨丝来，气温更低，有人说可能在零度以下了吧，队友开始有租用棉衣的了。

拿到蒙古包的钥匙，我们住的算是豪包，一进入一股刺鼻的气味便放肆地扑来，原来内设厕所，而水却没有，难怪。而一般蒙古包不设厕所，方便则要去旱厕，到旱厕不屏住呼吸的话多数人要晕厥。除气味难闻，被子也是湿湿的，而夜冷又逼着你去亲近，那个光景不好忍受，但也得忍着。

第二天离开，没有人留恋，只有“控诉”。乘车四小时到所谓的沙漠一游，再乘车三小时返回呼和浩特，又见金仕顿宾馆，一队人觉得好亲切啊。大家说这里真温馨，第一晚怎么没感觉到？有人说，因为去了蒙古包才有温馨的感觉啊。

不同的人对不同的事物有不同的感受，不同的人对同一事物有不同的感受，同一人对同一事物也有不同的感受，因为时间不同，经历不同了，哲学家赫拉克利特说得对：人不能两次踏进同一条河流。我们对不同的对象，能以千篇一律的理由进行有效沟通吗？我们对同一个对象的有效沟通，能以不变应万变而不与时俱进吗？

窝窝头的调味

窝窝头是一种粗粮，人们的生活水平大幅度提升后，精细粮享用多了，偶尔吃上一次窝窝头口味倒也不错。

暑假期间儿子在餐饮店尝到了窝窝头，过了几天他妈妈问他明天早餐喜欢吃什么？他说吃窝窝头可以吗？他妈回答，当然可以呀。儿子读中学寄宿在校，只有双休日和寒暑假在家里，学校里的伙食很大众，所以妻在儿子在家时，尽量满足儿子的口味喜好。

到超市一看，我们傻了眼，窝窝头一袋有五六十个之多，没有小包装的，或许是只供应餐饮店吧。我们知道，儿子只是换换口味，哪吃得了那么多，我们又没有吃窝窝头的喜好，买回去就没有把握不浪费。但儿子要吃，好在价格不贵，也只能买了再说。

接下来的一段日子里，我们开了眼界，儿子每天早上享用五个窝窝头，把窝窝头都消灭光了。我在他早餐吃了几天窝窝头后还继续说“明天早餐窝窝头”时特地留意了一下，发现了一个现象，他每天早餐时，将五个窝窝头摆好，用不同的馅，譬如牛肉、香菇、竹笋、火腿肠、三文鱼酱、芹菜、霉干菜、橄榄菜等做调料，吃得津津有味。难怪他吃不厌，奥秘在调料。

我们策划的经营活动越来越频繁，也不可能次次创新，有时框架不变内容作些贴近客户口味的增删，客户的感受就不一样了。“调料”不同了，新鲜感就来了，客户才不至于厌烦。

危机的解

黑龙江五常由于地理位置及土壤、气候的关系，成为全国知名的优质稻米产区，“五常大米”风靡全国。2010年夏，国内媒体纷纷披露：国内五常大米销量为3000万吨，而五常产区产量只有100万吨，这巨大的缺口由全国各地其他大米充数，不少米商用香水熏制外来大米，以迷惑消费者。

此消息一出，消费者纷纷抵制五常大米，照惯例五常大米必然积压滞销。想当年三株口服液事件，一老人喝了一瓶三株口服液身亡，媒体一报道，没人敢喝了，正红火的企业立时倒闭。三株企业始终认为产品质量没问题，但消费者不买账，最后是赢了官司倒了企业。前车之鉴，令人心颤。

一天去一店家买米，我说哪种米好推荐推荐。店老板说五常大米吧，不错的。我说现在还能吃五常米？不都是香精熏出来的吗？他说买去的人都说挺好的，要不你试试？我见他说得自信，看上去人也诚恳，就拿起五常大米打量起来。只见以黄底色黑体字为主的外包装上，有几处印着醒目的红色字体：“正宗五常米，假一罚十”。我想假一罚十，这肯定假不了，否则卖出一千袋要罚一万袋，那企业不就破产了吗。心里这样一想，就买了一袋五常米，大不了下次不再上当。还有，谁能保证其他大米就是正宗的。

家里一尝试，买回的米香味、口感都不错。看来是买到正宗货了。下次再去买，我说这米确实好。老板说，是的，我这小店就这米卖得最火，有时还脱销。

我想不到，五常大米危机就凭这“假一罚十”的醒目红色字度过了。

危机，有时费了九牛二虎之力还过不了槛；危机，有时四两拨千斤用几个字就平息了。面对危机，关键不是花了多大力气，而是是否找对了开这把锁的钥匙。

价格的高看低就效应

有次去海宁搞活动，一项内容是参观全国有名的海宁皮革城。海宁的皮革产品很丰富，各色服装、箱包、鞋帽、饰品应有尽有，而且价格便宜，大约是城市商场的五六分之一，有人说质量或许不那么好，但经常逛商店的女员工说，看不出与我们市区商场的产品有什么大的区别。于是大家就纷纷出手，衣服、箱包买了不少。

其实，各种皮革产品在我们生活的城市里都不缺，质量也是得到认可的，导致大家在皮革城纷纷出手购买的原因，是价格相差悬殊。因为不少员工购买时心里都有一本账：这衣服宁波商场卖几千，皮革城卖几百；这包宁波商场卖多少，皮革城的价格只是几分之一。几个内行的员工边购买边向同伴介绍，连本来对购物毫无兴趣的几位人物，也出手了。

为什么平时购物挺挑剔、精明的人物，到海宁却出手频频，我悟到主要在于有一个参照价格在他们的大脑里起作用，想到宁波商场的高价，这里简直是随便玩玩。这种现象我称之为购物价格的高看低就效应。

所以在我们的广告经营活动中，业务人员不能把价格一报到底，甚至把领导的折扣也报了，那么客户想再享受点优惠，就退无可退了。这时客户的心理反应是：这是你报的价，我要点优惠，一点面子也不给啊。生意便可能因不愉快而泡汤了。经营活动中业务人员要向客户介绍刊例价，并给予自己权限内可以做主的优惠。如客户还不满足，再根据与客户谈判的情况，请示领导给予领导折扣优惠。我们要学点营销心理学，让客户享受一点价格“高看低就”的乐处。

波浪补偿与动力定位

在浙江船厂参观，其中一只船上的吊机正把物品吊放到另一只船上去，那天有些风，两只船都在晃动。见此情景，我说："要将物品准确投放到预定的位置，这倒是有点难度，弄不好还要将其他东西砸了。"陪同的船厂老总说："不难，我们有一个技术装置能补偿波浪的晃动，叫动力定位。军队的舰艇也都有这种装置，否则一炮打出去，舰艇一摇晃，炮弹要落在离目标相差十万八千里的地方了。"听后恍然大悟，海上的风浪它可是随心所欲不听招呼的，没有这种动力定位的装置许多事情就难办了。

我们在业务活动中，也会碰到对方变卦的情况。这或许是由于对方决策人员思路的改变，或许是由于对方业务计划的修正，或许是我们的竞争对手外力给予的因素，总之与原来的想法不一样了。这个时候我们是否有"波浪补偿"的能力，是否有"动力定位"的内涵和底气，是业务能否继续的关键所在。

我们要想拥有"波浪补偿"的能力和"动力定位"的内涵，就需要在平日里既要学习专业的理论知识，又在实践中钻研琢磨不断提高自己。这样我们在与客户洽谈的时候，一个方案不成，还有替补方案，替补方案用不上，还有随机应变的"动力定位"能力，这样业务的成功概率就大大提高了。

大商温馨

眼镜搭在鼻子上的两个脚架断了一个，自然想到去天一广场的宁波钟表眼镜公司修配。来到宁钟公司，我说眼镜的撑脚架断了，请配一个。一位有了点年纪的公司服务人员笑笑说，这眼镜不是自行车，断的部位不叫撑脚架叫鼻翼。我也觉得好笑，说，真是抱歉了，我们只从功能上叫，你叫得专业。他说没什么，你叫的也沟通得了。我说我以后替你去普及知识，考考戴眼镜的同事，他们绝大多数肯定叫不上来。他说那谢谢你了。

笑谈中，服务人员将坏了鼻翼那端的小螺丝旋下来，配上新的鼻翼，由于新旧鼻翼的颜色不同，他又将没坏的鼻翼也换成新的，整个过程快捷、轻松、顺利。接着他用擦镜布将镜片擦了擦，又用双手将眼镜端远瞄了瞄，并用手轻轻拗了拗镜架说，好了，你戴戴看合适不合适。我一戴正好，便说，多少钱？他的回答使人心头一热，他说：小事，免了。

我原本想，这确也是小修修，心不黑的店家大约收三五元钱吧，但黑心的要你十元、二十元的也难说，因为你坏了总得配啊。但没想到宁钟公司居然不收钱，这事放到十年二十年之前会习以为常，因为那时商风好，现在碰到的店家多是巧立名目多收钱的，所以碰到宁钟这样的服务特别令人感动，这感动倒不是因为省这么几个小钱，稀为贵，淳朴敦厚的商风让我碰上了，激发出几分暖暖的感觉来。我当时连声道谢，他说别客气，也没说“你满意的话以后多光顾”之类生意场上拉生意的话，但我心里冒出“大商温馨”一词，我想以后如有配镜需要，我会很自然地去那里的。

一次在与朋友们聚餐时，我把在宁钟收获的温馨与大家分享，大家由此引出话题，对一些奸商的行为进行了猛烈抨击，几乎开了个如何经商的研讨会，最后一位船舶电机企业的董事长感慨地说，这叫“主雅客来勤”，这样的店会恒久兴隆。

有时细节会感动人的，有时小事会起决定性影响的。百年老店，自有底蕴。星级服务，起于细微，成于坚持。

一夫当关

单位的出入口，紧邻南北走向的城市主干道。员工上班时从对面车道左拐弯过来，或下班时左拐弯到对面车道去，往往时值上下班高峰，主干道上塞满了车，拐不进来或拐不出去。虽然单位门口马路上划有网格状黄线禁止车辆停留，但司机们毫不理会照停不误，所以有法而无人执法等于是空法。单位有十几位安保人员，但引导马路车辆似乎也不是他们的职责，所以上下班进出的难题长时间存在着。

有一日，情况起了变化，下班驾车出去的时候，发现有一位高个子安保人员穿着反光背心，正在配合前方红绿灯指挥车辆停在单位门前的网格线外，既不耽误马路车辆前行，又使单位车辆能顺利进出。我定睛一看，这位安保人员是新面孔，心里便存一分好感。在以后的日子里，我发现只要他在班，不管天气如何炎热，上下班高峰，他总会站在滚滚车流中引导车辆的进、停。这给员工上下班带来了方便和安全。但这是挺吃力的事，其他安保人员无一跟进。

由此想到：有时要解决问题、办好事，不在乎人多人少，只要有人肯吃苦、肯用心去做，用了十个人没有解决的问题，可能用一个人就很好地解决了。业务团队中，很需要能站出来自觉引导交通的安保人员那般的品质，一夫当关，难题迎刃而解。其实我们的工作人员，工作中都应该有一夫当关的气概与向往，那么我们的能力必定会有很快的增长，工作的效果也会有明显的提升。

日常与反常

参加一个全国性的行业会议，飞机自萧山机场直抵银川，下机后接待车向市区驶去，马路两旁绿树鲜花，与想象中该是灰蒙蒙的西部城市大相径庭。会议大厅与宿地也颇有江南风格，这是一个四面环水的江心屿上建筑群，位于银川市郊新城区，这个五星级建筑群的规模与气派，看起来远超沿海地区的五星级酒店。

惊诧中，当地人介绍：黄河九害而一利，利就利在银川，黄河的水在这里起到了最好的灌溉作用，这里的田野作物生长良好，有塞上江南美誉。又指着远处连绵不断的群山说，这是贺兰山，南北绵延200多公里，东西宽约30公里，山势巍峨，层峦叠嶂，成为一扇自然的屏障，阻隔了西部腾格里沙漠的侵袭。而这里的房价仅是沿海地区房价的三分之一或四分之一，而房屋的建筑水平看起来并不比沿海地区逊色。我们一行人感慨，想不到原以为落后的西部地区，竟是这等世外桃源般的地方。

会议结束，返程前在银川的最后一个晚上，我们想感受一下银川市区的氛围，便退了会议房，住进了一家市区沿街三星级宾馆。用完晚餐，与晚报的同行一道逛了一段市区最闹猛的街面，进了一家百货店，也觉无什么特色，想到明天一早要赶飞机，晚8点钟零些，便进酒店休息。

洗漱完毕，看了会电视，觉得有点睏了，躺下便睡。刚睡下，窗外忽然狂风大作，几秒钟后便觉呼吸困难，这种感觉，颇似乘坐车窗敞开的车辆，驶过尘沙飞扬的工程施工区。我猛一警觉：沙尘暴来了吗？窗户没有关严吗？立即翻身下床，拉开窗帘，细看哪里没有关好。但目光所及，无有缝隙。人说无孔不入，此时此地的沙尘是无孔也入。只有拉上窗帘，再试入睡，呼吸实在难受。便再起床，拿来湿毛巾敷在鼻子上过滤空气，但感觉不好，似乎用处也不大，湿毛巾拿掉又敷上，折腾了大半夜，不知什么时候睡着了，起床闹铃声一响，一身疲劳。

早餐时，与同行谈及昨夜感受，大家都是呵欠声中一脸无奈，对银川的美好印象一夜改观，原本说在这里买套房夏天来度假的念头也烟消云散。我们开玩笑说，沙尘暴晚来一天的话，我们看到的就不是完整的银川。

眼见为实，但由于时机或其他某种原因，我们见到的实或许并不全面，我们还需要洞察事实的另一面，这样在经营决策及行动中才能立于旺地。

需求是金

2010年10月3日，我们一行四位登临庐山。这里不说“飞流直下三千尺，疑是银河落九天”的浪漫，不说“横看成岭侧成峰，远近高低各不同”的哲理，也不说“一山飞峙大江边，跃上葱茏四百旋”的豪迈与气派，就说说庐山牯岭街吃饭的趣事。

国庆长假，游人如织，到山上已近黄昏，下榻庐山宾馆。想一路上游客摩肩接踵，还是晚一步去街上吃饭，或许就不那么拥挤。稍事休息，暮色早合，我们步出宾馆，车流人流依然熙熙攘攘，街上霓虹闪烁，各色店家鳞次栉比，餐饮店最为热闹。

我们一行最初的奢望是吃当地的土家菜，于是从街头慢慢找过去，土菜馆、农家乐之类倒是有，但人满为患。从街头一直到街尾，各色饭馆没有供我们享用的桌面。又从街尾至街头，还是没有插足之地。再来一遍街头至街尾，依然没有缝隙。寻土菜馆的雅兴，早已是九霄云外，哪里可果腹，便知足了。发现一条岔街镶嵌有三两家小饭馆，便赶过去，也是宾客盈门。不走了，便在一家餐馆里面依老板的吩咐傻等，等前客用完餐搞接力。

工夫不负有心人，经过漫长的等待，我们终于有了可以用餐的圆桌。我们坐下来，便有进进出出的人投来羡慕的目光，我们知道他们此时此刻的心情。

圆桌足够大，我们四人只占了圆桌的一半。我想在这种环境下，桌子的另一半也是可以发挥很好作用的。我指着将要离去的三位大学生模样的人，对同行的朋友们说让他们坐在我们一桌吧。朋友们感同身受表示赞同。我立马对饭馆老板说，让这几位与我们拼桌吧。老板十分感谢，立即将三人引导到我们这桌的另一边坐下。三人很欣喜地示谢。我们也很高兴，为自己做了件使人愉快的事。食间，我们了解到这三位是内蒙古青年，他们是高中同学，现在分散在三个省份读大学，国庆期间相邀在庐山一聚。我们天南海北聊了一气，大家挺高兴，觉得亦是有缘。

一个拼桌的小小创意，使老板、被邀请者、邀请者三方都高兴，这是由需求决定的。平时拼桌大家会觉得不自在，一般说来邀请者不会提议，被邀请者也不愿接受。所以说需求是金。我们在业务活动中，要善于洞察客户的需求，这会起到事半功倍的效果。否则，客户没有需求，你说得头头是道，牛头不对马嘴，收获的可能只是他人的厌烦。

审美疲劳

或许本人艺术细胞较为丰富，虽未经过系统训练，对于优美的语言、动听的音乐、温润的玉石、意境深远且色彩独到的绘画、巧夺天工的瓷器与紫砂、大自然的山水……皆心向往之。于是，便有了十一长假的景德镇之行。

10月2日，我与大学时老师及朋友一行四人，直抵景德镇。中途有大学师弟在临安接风午餐。因中午耽搁了些时间，沿途又到徽派建筑的典范村落婺源转了一下，到景德镇时已是万家灯火了。我的意向是晚餐后先逛逛瓷器街，领略一下瓷都夜市的风采，无奈景德镇的朋友盛情难却，说晚餐是一定要干几杯的，瓷器的参观与鉴赏明天我们全程陪同。这样参观景德镇的时间受到压缩，我们在景德镇逗留的时间原本不长，第二天下午就要动身去庐山，与瓷器的亲密接触只有一个上午的时间了。

第二天上午8时许，我们在宾馆大堂与当地朋友会合，驱车先来到瓷器历史博物馆。博物馆里一些工匠及艺术大师正在现场制作瓷器，让游客目睹瓷器的生产过程；还有清代的一座窑场，颇有规模；同时有各类瓷器展示与销售。在参观过程中，我们了解了景德镇瓷器白如玉、明如镜、薄如纸、声如磬的独特风格，以及青花、粉彩、玲珑、色釉四大分类。此时此刻，我们一行被精美的瓷器艺术及具体的瓷器产品所震撼和吸引，我们陶醉在瓷器的天地里，连声说：不虚此行，不虚此行。朋友开始出手购买了，不知不觉两小时流去。

我们感到时间的紧迫，便抽身往陶瓷城方向赶去。未入陶瓷城满街已是瓷器店的天下，一家紧挨一家，令人眼花缭乱。这里是大众购瓷场所，在我们看来，或清雅、或娇艳，各色瓷器应有尽有，我是兴头十足，但看我的老师和朋友们兴致已大不如前，只不过怕扫我兴致，随着我进一家家店。我心有内疚，但抑制不住更全面地了解景德镇瓷器的兴致，提出再换“战场”，到以陈列大师作品为主的莲社南路瓷器街看看。这一次老师和朋友们不再忍耐了：看了这么多瓷器，都差不多么，脑也木了，腿也酸了，就别什么大师作品了，还要赶路呢。我也只好从善如流，就此打住。

这么精美的瓷器，除有特殊爱好外，多数人看多了也就厌倦了，这叫审美疲劳。我们在与人沟通的时候，不管你语言多么有感染力，你说上半天，人家也就不耐烦了。生活里有这样的人，他话不停顿，不让人插话，没有互动，只自顾自喋喋不休，像倒垃圾，人家怕了你，你还奢望说服人家，可能吗？受欢迎的谈话，要有互动，要适时适量，还要满足人家的需求，就像一句诗所言：好雨知时节，当春乃发生。

引导的力

十一长假自庐山返程，北线可走九江——婺源——杭州——宁波，我们上庐山就是走的这条线路，只不过到景德镇兜了一圈。人总是对新事物充满向往，虽说返程走北线比走南线近几十公里，虽说不知南线高速（九江——婺源——衢州——金华——宁波）是否全线开通（因为两年前我老师走过这线路，当时是婺源到衢州的高速，只通了婺源至常山，常山到衢州的几十公里路程还未通高速），我们还是一致同意，走南线返甬。

10月4日近15时，由庐山下来，六七百公里行程，预期当天22时左右可抵甬城。下庐山自九江上高速，一路顺畅，至常山依然是高速终点，这一段路两年时间未有改观，只得付了费，走上不知是国道还是省道的行程。心里有准备，也就不十分着急。哪知行了一段路，迎面一个告示："前面修路，绕道行驶！"天色已暗，打灯行驶，拐入类似机耕路的小道，路面车辆一来一往，刚好容下两辆车通行。偏巧就在此地堵了车，假日的自驾车就是多，一下排起了长龙，前面望不到头，一会儿工夫后面也就望不尽尾。对面也没有车过来算是彻底堵住了。过了好大一会儿，前面传来消息，说是一辆车翻了，吊车正在清理。有消息就好，已动手清理总算有了盼头。

在这前不着村后不着店的荒野车辆被堵，焦急的心情可想而知。在夜色的掩盖下滋长，秩序倒还井然，左面的对向车道无车占道，因为大家都清楚，在这或许没有警察维持秩序的夜晚，一旦车辆对向堵住，进退不得，说不定大家就得在此数星星过夜了。

就在大家静待道路疏通时，突然一辆非执行任务的特种车辆，从左边空车道上超越右侧等候的车辆向前驶去，这下可不得了，因为这辆车的后面是一溜纷纷跟上效尤的长长车队。将对向车流的通道堵塞，疏通的难度陡然增加了，守秩序者破口大骂，但又有什么作用呢？果然路堵的时间十分漫长，最后到宁波已是第二天凌晨时分了。

这里我看到了引导的力。大家均守序，但一个坏头开了，便有人跟着上，不计后果，当然我们对这种坏的引导是要批判的。但在经营中，譬如做广告，对我们报上空白的行业，可考虑给予该行业龙头客户以优惠的政策，让其到我们报上来亮相，这样就可以吸引同行业的其他客户纷纷投放广告。

身份的魅力

安溪铁观音秋茶上市季节，甬城不少茶界老总都去了安溪。有两位茶界老总结伴而行，一位是宁波本地人，在茶界经营多年，另一位是福建人，涉足茶界时间不长，在宁波经营茶叶店属于刚起步。两人到安溪后将一家茶农的近百斤新制的铁观音平分了，回到甬城后两人各自售卖。福建人的铁观音每500克标价620元，很快销售一空，宁波老板将同一种茶每500克标价580元，销售时间拉得很长，人家卖完的时候，他的销售还只完成三分之一。对此他感慨地说："卖铁观音比不过福建人。"我说："对呀，卖羊肉串肯定比不过新疆人。"

消费者的心理是：铁观音产自福建。福建人卖铁观音一是正宗，二是直接进来中转少价格低。你宁波人卖铁观音是二道贩子，货不一定正宗，而且中转环节多，价格自然就上去了。所以买铁观音就找福建人开的店，买羊肉串就找新疆人，没错。

这就是消费者的消费心理，他不会去调查，卖茶叶的福建人与铁观音有多紧密的联系，对消费者能带来哪些实惠，只凭感觉走。所以我们就经常能听到一些老板吹嘘：我是三代祖传做这行的，我是自己有基地大规模生产的。其实只不过就是告诉消费者我是正宗的，我是价格实惠的。

身份，这一招既然有用，那么，我们就要在业务交往中叫响：我是这一行的专家。这样人家才会信你的策划，成你的业务。当然，我们必须货真价实，不能挂羊头卖狗肉，这就必须多学习，向书本学、向实践学。

记忆之珠

岁月长河,记忆留痕。漫漫来路,温馨的是记忆珠串中的一粒粒闪光的珍珠,它点亮了人们忆及往事时的快乐之灯。

从农村出来,如今在城市生活的四五十岁年龄的人们,独自清静的时候,听到《妈妈的吻》歌词中"在那遥远的小山村……"有时就会回想起小山村午后阳光下宁静的生活场景;听到《年轻的朋友来相会》的歌声,就会点燃对美好的活力四射的青春岁月的记忆。

记忆总是以一件件的具体事物为节点的,这节点就是一颗颗珍珠,成为人生快乐的闪光点。

一位来自外地在宁波生根的企业老总,回桐乡老家时特地跑到乌镇的一所中学旧址,逗留了好长一段时间,他说外婆家在乌镇,他的中学是在这里念的,这里有他美好的记忆。他问我去过乌镇吧,对那里的印象如何?我说乌镇是茅盾的故乡,是典型的江南水乡,我感觉很有江南的意境和韵味。他说与自己读中学时情景大不一样了,学校也拆迁了。我说那你还去学校?那里有你初恋的记忆吧。我是开玩笑的,他却惊奇地说:"你的目光不一般,佩服佩服,这的确是我的初恋之地。"最近报媒上刊登一张照片,一个在三轮车上卖橘子的老婆婆,上面竖一块纸牌,上书"甜过初恋"四字。人们会心一笑:王婆卖橘了。说明初恋是甜蜜难忘的。这就是记忆的节点，是珍珠。

那一次聊天，天南地北，我们聊得很愉快。我们是第一次坐下来聊天，却像是老朋友的情谊了，告别的时候，双方都表示，生意上的事大家尽量相互扶持吧。记忆中的闪光的节点，往往是人们的兴奋点、快乐点，在那里碰撞出火花最容易，人们也最愿意谈及。

倒车的坚持

与客户一聚后，从饭店出来，同事按保安指引规矩停放的车，被在马路上随意停放的车给堵住了。责问旁边的保安，怎么能指挥这样停车，车出不来怎么办？保安说小心点往左倒，车还是能出来的，就是有点难度。

事已至此，同事也没有办法，只好钻进驾驶室启动车辆尝试倒车，我看着慢腾腾的几个来回，有点倒出来的样子了。这时饭店又来了个保安，说我帮你倒吧。同事听闻后以为是专业级人士来救驾，便下了车，让保安去操作。保安上车后，改变了倒车的方向，他尝试从右侧倒出来。我们及其他保安觉得这个难度更高，一致呼吁往左倒，但他不理，挺固执的。几个来回倒不出，我们已看出他的技术不怎么样。我说你下来，我来倒好了。他不吭声，继续操作。同事与我一起说了几次要他下来，居然不起作用，他像是赌着一口气。这样折腾了一会儿，运气还算好，右边的车有人来开走了，事情总算有了转机。

第二天上班，我们谈到昨天保安倒车的事，大家都觉得挺奇怪，明明叫你下来，我们自己会解决，你也省却车辆擦碰的风险，何乐而不为呢？我突然悟到：这或许是他应聘的看家本领，假如他退却，脸上必定无光，或许还会因之丢了饭碗，所以他即使冒点风险也要坚持把车倒出来。同事觉得这个分析对，但又觉得后怕，说这样逞能的心态，把车擦坏就倒霉了。

书到用时方恨少，技待施日才知生。为了使自己的工作顺利，我们必须干一行，爱一行，专一行。只有多向书本学、多向实践学、多向能者学，才能使自己在工作中得心应手。

落英缤纷

冬天一个假日，阳光灿烂。正在楼上露台看书的我注意到，一盆茶梅因天气暖和已张开三朵花来，其中一朵已是怒放的模样，这在一颗颗猩红的花蕾中显得十分耀眼。我注目良久，俯首闻闻花瓣，传来的却是旁边还未开败的桂花的清香，有色有香，心中是十分的愉悦。

第二天清晨，我拉开通往露台的门帘，隔着落地玻璃门向露台一望，被那一眼景色所震慑：土黄色的地砖上，茶梅的花瓣有序排列，一瓣一瓣，红艳艳的，就像一朵开在地上的花，还是那么整洁、那么鲜亮、那么有光泽……见到此景此情，脑袋里自然涌出一个词：落英缤纷。古人该是对这种景象早有感悟，否则造不出这样有诗意有哲理的词来。抬眼向上望去，果然昨日尽情怒放的那朵花只剩痕迹了。想象昨晚静静的夜里，花瓣悄然无声地飘下，不惊动人们的梦，从一种美转换成另一种美，这是一种怎样的姿态和境界啊：即使离去，优雅与美丽不变。我有拿相机的冲动，想将如此美好的景色定格，后又释然，我以为这一瞬间，已在我的心幕中留下了永恒的印迹，不会磨灭。

与一企业老总碰面，叙述这样的景观与感受，彼此颇有感慨：有的人由于种种原因生意没谈成，或沟通不畅，离开的时候往往皱着眉、噘着嘴，甚至不顾礼节拂袖而去。这样的场景是多么的不和美、多么的令人生厌，对这种人谁还愿意主动想起他跟他做生意呢？即使生意未成，来一个不失礼节的握别，做一个微笑的转身，留下一个潇洒的背影，给人一个美好的印象，或许机会什么时候就在眼前了，我相信这就是成果之因。

不同的高度不同的景观

在浙江省第一家五星级饭店南苑饭店的二十八楼吃晚餐，俯瞰甬城，江流、灯火、建筑群，异于往日平视的观感。就像登上纽约的帝国大厦，忽然被密集的摩天大楼中央一块巨大的绿地所震撼：原来在熙熙攘攘的建筑群里还藏匿着空阔有派的中央公园。可以肯定，不到一定的高度，游走在街面上的人们是享用不到非同寻常的视觉大餐的。

小说家对文字表述的喜爱，收藏家对年代久远的破瓷烂铁旧木头的痴迷，科学家对未知探索的执著，资本家对金钱的膜拜，那种程度，在常人看来有点扭曲、有点过火，却未必能理解，只因常人在这些领域未达到那些人的那种高度。常人与进入其中的那些人对那些事物的观感是不同的。

我们的业务人员，对自己所从事的业务，决不能只游走在街面上，只获得平视的观感，我们应该获得立体的视角，在这一领域有自己的高度，才能得心应手，赢得先机及尊重。而高度的形成需要我们不断学习，不断努力。

桂花的坚韧

桂花的清香沁人心脾。每当金秋，匆忙行走的人们，忽觉一阵异香袭来，抬首一看，才发现星星点点金色的、杏黄的、奶白的桂花已铺展在绿色的树叶间。

如今有雅兴的人们，往往在桂花盛开的时节，在桂花树下铺一大块尼龙布，席地而坐，喝茶、饮酒、大摆龙门阵，在香气氲氤间有细花飘落的人间仙境中如醉如痴。

本人很想在住宅露台百花园中引入桂花品种，使桂花的清香更易亲近。2010年春季在花鸟市场购得一棵造型颇佳的盆栽桂花树，搬到露台上神形俱丰，大乐。

交易的时候，我问是月桂吗？摊主说，是的。我想每月开花每月香不错。浇了好几个月水，只长叶不开花，我想肯定不是月桂了，一年开一次花更香，便满怀喜悦地等待。又等了几个月，楼下中庭公园的桂花盛开了，露台上的桂花树还不见动静。楼下的桂花树谢了，我有点耐不住气想：桂花树有不开花的公的树吗？似乎时节已过，期待的心也渐渐懒散了。

某日下班回家，走到楼上，一股浓郁的异香从露台飘来。急忙到露台察看，米白色的小小花朵已经缀满了树叶间隙。大喜过望，忙将鼻子凑到花叶边缘，连做几个深呼吸，那种意外的惊喜，像一韵柔和的轻音乐淌过浮躁的心田，刹那间神清气爽、怡然自得。

桂花迟开，似乎是积蓄了力量，香气特别浓郁，还一轮一轮地绽放，一周、十天过去，老花还未凋谢，新蕾已露头角，这样一个多月，还是长开不败之势，心中暗暗称奇。今年气候偏冷，入冬一场结结实实的大雪，我想这下要终结桂花的花期了，不想树冠积雪融化，桂花依然开放。今冬屡现雪飘天气，桂花似乎不惧，至隆冬还是意犹未尽，零零星星地撑着门面。

看在眼里如此柔弱的小花，竟有如此坚韧的个性，以往我不曾想到。人不可貌相，海水不可斗量，柔弱里有坚韧，弱小里有强大。后开的花或许更珍贵，细小的花或许更芬芳，让我们珍视团队里每个人的才华。

激情与梦想：不断超越自我

“经严格测产，湖南省隆回县羊古坳乡 108 亩‘Y 两优 2 号’试验田平均亩产为 926.6 公斤。”当农业部验收专家组组长、中国水稻研究所所长程式华正式宣布这一测产数据时，年过八旬的中国工程院院士、“杂交水稻之父”袁隆平的脸上漾起了笑意。

2011 年 9 月 19 日下午，在湖南省杂交水稻研究中心举行的“超级杂交稻第三期目标攻关重大突破记者见面会”上，袁隆平一袭白色西装“亮相”。“昨天一天我都在办公室等着，晚上也很焦急，睡不着觉。直到零点三十分，接到专家组发来的测产数据后，我心里的一块石头才终于放了下来。”老先生抑制不住内心的激动和兴奋。

1997 年袁隆平提出了培育超级杂交稻技术路线，他说：“实现亩产 700 公斤的目标，我们用了 4 年时间；实现亩产 800 公斤的目标，我们又用了 4 年。这次亩产 900 公斤目标获得重大突破，我们用了 7 年。”

实现杂交水稻大面积亩产 900 公斤，是世界杂交水稻史上迄今还无人登临的一个高峰。袁隆平说，下一步他将把奋斗目标设定为亩产 1000 公斤。“当然，这还是我的一个梦想。也许 10 年左右时间，等我变成‘90 后’时，就可实现亩产 1000 公斤的目标了。”

一个80岁已有数不胜数荣誉的老人，为自己新高度奋斗目标数据的宣布睡不着觉；在记者见面会上以一袭白色西装亮相；还说再有10年左右，自己成为“90后”时，将实现梦想中的新目标。这种忘却老之已至，不断超越自我的激情与梦想、童心与乐观、奋进与豁达，对我们年轻的一代是一种怎样的鼓舞与激励！让我们扫荡现实中存在的未老先衰、缺乏激情、丧失勇气、涣散斗志、没有梦想、没有目标、做一天和尚撞一天钟的状态，让袁隆平的形象与精神作为我们工作中观照自己的镜子吧。

思考

——不精则奇

资讯的品质

工业产品是讲品质、品牌的，一件衣服标价有100元的，也有1000元、10000元的；化妆品也这样，同是擦擦脸，不同的品牌价格相差几倍、十几倍，甚至几十倍。这价格的差异，就是产品的品质、品牌不同在起作用。

以往我们是不怎么讲资讯的质量、品牌的，因为那时资讯缺乏，不管是从报刊看到的，还是从电视、电台获知的，都认为是真的。现在是信息“爆炸”时代，报纸、杂志、电视、电台、网络、手机、户外媒体等等不一而足，光报纸就有日报、早报、晚报、周报、行业报等，有的城市同类的报纸还不只一份，这样的状况下，人们获得信息的第一个反应就是：这个信息来自哪里？可信度是几星级？

这时作为党报的权威性、真实性、一言九鼎的不容置疑性就突显出来了：党报登的可信。这种质量品牌是党报人数十年来严谨的工作作风赢得的，不是一般媒体可以比拟和超越的。所以说资讯是有品质的，这是我们日报广告营销很有分量的优势。

欠款催讨效应

近年来，甬城各媒体中日报催款是出了名的。一方面我们有考核制度，催款是与业务员业绩挂钩的；另一方面日报到款压力大，不得不加大催讨力度。现在客户也习惯了：日报的款子早付吧。

前些日子一家叫信邦的汽车营销公司倒闭，其他各媒体都有款未清，我们的业务员却在其老总玩失踪前将欠款要回来了，一帜独树。一家颇为信邦所拖累的银行高管感慨：我们的业务人员要是有这样的敬业精神，也吃不了如此大亏。

其实，经济活动产生欠款在所难免，但催欠是有讲究的。一家单位欠几家、十几家或几十家客户账，这家单位往往先付催得急、催得烦人的客户；还有就是先付数额少的客户，因为拿出一笔钱可以打发好几家客户，但数额大的可能一家都不能解决。

所以催欠要形成良性循环，必须催得急，催得人心烦，这样才有效果，否则欠账如雪球般越滚越大，催讨的难度也会越来越大。

细节是品牌的关节点

工业产品的品质如何，有的需要用仪器仪表检测才能知道，但有一点是肯定的：细节不过关的话，是与品牌、高档无缘的。如一套名贵的服装，不可能有线头露着，否则消费者心理上接受不了：花这么多钱，居然给我们这么不用心的产品，其他看不到的地方不知咋糊弄呢；然而一般的服装露个线头也常见，拿剪刀剪了就是，也费不了啥力气，消费者很坦然。所以品牌是从细节抓起的。

我们的服务也一样，有许多细节需要用心关注，这样客户才会满意。一般来说，我们将客户广告审定合格后放在某日某版面刊出就行了。但有次我在审样时发现，两只同版竖放的都是四分之一的广告，按原来的排版，由于色彩关系，其中一只广告的效果将大打折扣。甲广告整体是红色的，放在报纸版面的右下；乙广告左三分之二为白底，右三分之一为红底，放在版面的左下。这样乙广告的红色部分与甲广告紧邻，由于色彩关系，粗看是甲广告占有两只广告整体六分之四的面积，而乙广告则只占六分之二的位置，这样放显然乙客户是不会满意的。后来把两广告左右位置一换，甲是甲，乙是乙，清清楚楚，问题就解决了。

服务工作细节无数，不可能一个个列举，但只要从客户角度去着想，从自身创品牌去考虑问题，就会有收获。细节有时不需要花多大的力气，但需要用心。

一切都在变化之中

一家不友善的客户，一个难以沟通的客户代表，我们是否应该就此放弃呢？答案是否定的。因为一切都在变化之中。

我们有一个业务员接触的一位客户很难弄，常常是业务没谈，牢骚满腹，骂声一片。但我们业务员不放弃，一有活动总是将方案给他。一天，经耐心沟通终于"阴转晴"来了几版广告，定好日期、版面，业务人员小心翼翼伺候着，但"越是担心越是有事"，有版广告由于新闻的原因，导致版面紧张，第二天要刊出的，需要推后一日才能刊出，接编辑部通知时已是晚上 8 时半，如何与客户沟通，令人头皮发麻，最有可能的是业务跑了，还挨一顿臭骂。痛苦啊痛苦！在没有第二条道路可供选择的情况下，业务人员只好硬着头皮拨打客户手机，第一第二次不接，更加剧了紧张气氛，第三次通了，一解释，对方说：好啦，后天可一定要刊出来。问题迎刃而解，顺利得令人想大笑，业务人员的手机里只传来哗啦哗啦的麻将声。显然对方在打麻将，无暇他顾，也懒得发牢骚。

由于打麻将，由于天气很好，由于彩票中奖，由于天上掉下个馅饼……由于经营方向改变，由于误会消除，由于客户代表调动，由于竞争对手垮台……原来的状况，就此改变。牢记一句话：唯一不变的是变化！

布局新媒体

趋势是经营者必须登高瞭望之首要，与趋势背道而驰，南辕北辙，即使花费最大力气，目标的大厦最终依然会轰然倒塌，而顺势而为则有事半功倍四两拨千斤之功效。在休斯敦大学听课，美国的教授谈到平面媒体在美国预计还有 20 至 25 年生命力，这是基于网络及手机功能发展而得出的结论。并认为经营战略是否正确有效是媒体生存发展之关键。基于这种趋势判断，布局新媒体成为我们持续发展、有效增长的必然选择。

或许国内的报业集团，传统媒体依然强大，新兴媒体所起的作用还微乎其微。但美国主流报纸的困境足以使我们警觉：2008 年 12 月 8 日拥有《洛杉矶时报》、《芝加哥论坛报》等大报的全美第二大报业集团——论坛报业集团，申请破产保护；同期，拥有日发行量最大的《今日美国》报的加内特集团大幅裁员；日发行量全美第三的《纽约时报》，为应付财务困境将把他们位于曼哈顿的新大楼抵押出去……报业寒冬的脚步声，正清晰地从大洋彼岸传来，足以令人心颤。休斯敦大学的泰勒教授表示：美国报纸多在布局网络，但网络目前只能创造报业 10%左右的收入，主要的收入还是来自传统领域，广告占 75%左右，发行占 5%左右。但随着老一代人逐渐退出历史舞台，新一代阅读兴趣向网络等新兴媒体转移，兴衰交替，无法改变。布局并抢占新媒体的制高点已成必然选择。

一叶知秋，洞察趋势，构筑媒体创收新的框架是持续发展、强势发展的基础，网络、手机、高架、车体、楼宇、电子屏、空中激光动画等等，都是我们的支点。

广告需求优先

美国报纸广告相当精美，叠在一起也整齐有序，非常漂亮，但有时广告在版面占位却十分霸道，留给新闻编辑的位置很局促，我们看了挺惊讶，美国广告业比我们发达，构思、细节都独具匠心，最后却好罐子破摔，将整个版面的美感破坏了。后来一想也想通了，有的广告主根本不考虑你版面美不美，一心考虑的是自己的广告突出些再突出些，而报社做不通这些广告主照顾版面美观的工作，又不想失去这笔广告收入，只能将版面排得很没水平和档次的样子了。我们是否也应该这样？我认为在不违反大方向、大原则的情况下，广告需求优先是适用的。

目前日报版面安排较为庄重、严肃，作为党报的一种风格，是必要的。但除去要闻版外，其余版面可以活泼、亲近为基调，广告的安排也可突破新闻下方排列的原则。

日报是对开大报，对于一些有钱的大品牌来说，花得起钱，大版面气魄大，日报是一个好选择。但除去房产、银行开业、政府大活动、厂方汽车外，日常大量的生活类、促销类广告，如商场、家电、理财、珠宝、婚纱、美容、宾馆、餐饮、服饰、饮料、食品、酒类、家居用品、旅游、保健等等，多是日报半版以下的规格，这类广告同样的规格在日报刊出，不如在四开小报显眼。客户认为小报一版，吸引的是全部目光，而同样规格在日报刊出则有两幅内容，读者注意力就会分散。依此类推，日报广告营销将处于不利地位。而异形广告，如三分之一竖排，日报的效果则很明显，但我们要客户在原价的基础上再付20%的费用，目的是为了照顾传统版式，却制约了异形策略的运用。在平面媒体竞争日趋激烈的今天，日报自如运用版面排法，来突出广告醒目效果，应该可以成为抢占广告市场份额的有效手段。

诚信为上

市场经济离不开广告，广告传递要有效，必须讲究受众率及可信度。受众以有效发行为基础这里暂且不论，在此谈谈可信度问题。

美国报纸的广告，不少广告主往往以自身形象出现在具体广告中，这种做法极大地提升了广告的可信度。我们现在的确面临广告的诚信危机，广告内容虽有《广告法》等法律规章制约，但夸大其词的并不少见，不少民众对广告的可信度往往持怀疑态度。大家在谈话中有一句口头禅：广告里说的怎么能相信呢？这说明诚信建设已成为我们广告业需要迫切研究的课题。

借鉴美国广告主出现在版面的做法，以示本人对该内容负责，应该是展示广告诚信的有效一招，否则内容不实有欺诈之嫌，脸面往哪搁啊，或许还要负法律责任，得不偿失。若读者认为广告内容是可信的，那么广告传播的效果会大不一样，鉴此我们就要与广告客户一道，探讨如何设计、出刊让读者觉得可信的广告。

除广告主出现在广告中外，其他看起来较为实事求是的广告，也应该是我们的研究范围和追求目标。比如顶级化妆品、珠宝、家私、服饰、家电等可诉求质量好，但同时指明价格不菲；比如小餐饮店可强调味道好，但说明环境较拥挤；大饭店可点明环境气派豪华，但不能心疼钱……这样使人觉得真实可信，传播效果远比一味猛吹我如何如何“伟大”、如何如何“顶天立地”来得好。这就是诚信的力量。

分清轻重:芝麻与西瓜的分量是不同的

客户是平等的,客户也是有轻重的。国与国、单位与单位、人与人关系处理莫不如此。

美的空调是《宁波日报》广告大客户,不但出资 30 万元冠名日报的奥运会特刊,而且旋即答应支持我们开办家电专版,出资数十万在专版开设"美的空调"专栏,每期必刊,搭起了日报家电专版的框架。而此时,某某家电品牌,正与其他媒体打得火热。2009 年 3 月 6 日我们的"家电世界"在美的空调专栏旁,肩并肩刊发了眉题为"空调下乡淘汰 4 级、5 级高能耗空调 ",主题为"某某品牌 15 款高能效省电空调全部中标"软文,加强了我们重要合作伙伴的传播效果。

对于某某品牌软文,我们有几种处理方法:一是家电版版面紧张,排不下,动员其排到别的版面去,别的版面不能排软文的话,就让其做硬广告,他们平时倾向其他媒体,我们公事公办,一点没错;第二种方法,让它排到"恰当的"位置去,不能扰乱我们与战略合作伙伴的合作。

我们的工作人员务必明白:一是芝麻与西瓜的分量是不同的,决不能捡了芝麻丢了西瓜;二是我们的心中要有合作伙伴的位置,要有巩固和发展意识;三是服务要注重细节,要有长远的目光。

广告用语大有技巧

这段时间中央电视台、东方电视台家电广告很火爆，其中两个广告都同美的有关联，给人以启发。

一个是美的为豆浆机做的广告，核心的一句广告词是：豆浆机换代了！其中有不锈钢比塑料更卫生等等内容。我们知道豆浆机九阳是拓荒者，在媒体上广告也不少，品牌知名度不低，可以说是豆浆机产品的一哥。但一句“换代了”似乎长江后浪推前浪，立马把一哥位置给取代了。真的是否如此，我们不去推断，但在广告用语上美的起到了四两拨千斤的效果。

另有一个广告是空调两强相争。近些年来，格力是空调一哥，市场份额略胜一筹。美的异军突起，紧逼其后，2008 年看准空调行业变频发展方向，独树大旗，在狠抓技术创新的同时，在媒体上高调喊出“买变频，选美的”，一时间似乎变频空调，美的独步天下。近来，格力在媒体推出“好变频，格力造”广告语，沿用其“好空调，格力造”模式，兼借美的炒热变频空调市场之力，又将自己简明的广告语运用到极致，在广告用语威力上与“豆浆机换代了”有异曲同工之妙。

经典广告语的威力与特征

《论语》何以成为儒家圣经，广告语写得好：半部论语治天下（一部论语那还了得）。春秋战国，百家争鸣，墨、道、儒、法……观点、论著汗牛充栋，精彩篇章灿若星汉，而《论语》一帜分外耀目，至今人们仍随口传诵的“半部论语治天下”的广告语功不可没。

外国元首到访，国务万机间隙，往往以游长城为首选，为何？广告语的魅力：不到长城非好汉！外国元首对好汉也是崇敬向往的，到了就能成为好汉的地方他也渴望涉足一下，看看这地方如何使人力拔山、气盖世地成好汉了。普通民众当不了总统，更想去当当好汉，因之长城人气就特别旺。此外，已成为经典旅游广告词的：桂林山水甲天下、上有天堂 下有苏杭，也为当地旅游经济带来滚滚财源。

“车到山前必有路 有路就有丰田车”，这广告语成就丰田汽车成为业界响当当的品牌，到目前为止，没有哪个汽车品牌的广告语可与之相匹敌。不久前，丰田汽车在欧美市场遇到大麻烦，新推的“普锐斯”等系列刹车系统有问题，数百万辆车要召回，消费者很愤怒，品牌声誉大受影响，这说明企业也就是企业，神话是宣传、是广告语造就的。

这些经典广告语有如此大的威力，在宣传中起到画龙点睛的作用，我们要分析它有哪些特点，有时可在自创中小试牛刀。

经典广告语一是气派大，什么治天下、甲天下、好汉、天堂，都到了一个方面的极致；二是响亮，也就是叫得响，关键词选用开口音；三是易记、易传诵；四是有内涵，所颂扬的标的确有一些独特之处；五是有想象空间，让人觉得似乎说得过了，想想也无不可，人是需要有一点飞翔的感觉的，也是需要鼓鼓劲的。

广告用语：切口小有个性印象深

3月20日，周六，宁波日报社广告部教育工作室举办"诚心金色大道"留学、移民广场咨询会，地点在天一广场。我家距天一广场不远，约20分钟步程。沿中山路，过江厦桥，入天一广场，一排立柱式广告映入眼帘：雅诗兰黛——眼霜世家 明星口碑。

化妆品品牌很多，电视、机场、车体、杂志、报纸上广告眼花缭乱，意思似乎都是用了某品牌就"今年二十明年十八"的，但脑袋里连一两个品牌也没有记住，反正都差不多。就像许多房产广告，都是至尊、极品、巅峰之类的，没有个性，只是口气大得不得了。

这次，雅诗兰黛广告却入了脑：眼霜世家，说明企业是做眼霜起家的，已经荣历了不少年代，眼霜是该品牌的核心竞争力；明星口碑，指明星们是该产品的主要消费群体，用了还不错，效果好，口口相传，对化妆品来说明星是有示范作用的。而且广告用语简短，记得住。可以说看了这广告，不少消费者买眼霜便会选择雅诗兰黛。雅诗兰黛眼霜用着好的话，又会试用该品牌的其他护肤用品，这生意就做大了。

其他化妆品，假如只笼统地说效果一流、国际顶级，没有明显个性的话，往往难以入心。因为每只化妆品广告都说自己好，大家都说了，等于大家都没说。所以广告用语的个性特色是十分关键的。一般来说，切入点小、简短、有个性的广告用语就容易被人记住，并留下深刻印象。

掌握服务主动权

欧琳作为驰名的厨具品牌，近年来在卫视露脸多了，在本地平面媒体亮相少了，但企业、商家搞活动时也要在本地媒体活跃一番，所以每年都有几轮广告投放。

过去在甬城，《宁波日报》一家独大，欧琳与我们建立了业务联系，随着时间的推移，好几家都市报萌芽、长大，欧琳作为家居用品，有意选择都市类报媒作为广告载体，认为都市类报纸亲民性更强。

欧琳与其他媒体业务人员接触后感觉不搭调，说还是日报工作人员贴切，所以他们提出投其他媒体广告也希望由我们来帮其服务，这无疑会增加我们工作人员的服务负担，但最终必定有利于我们业务的开展，于是我们答应了他们的要求。

由于接触没有中断，最后我们以产品品质与资讯品质对应理论让他们认同了投日报广告是最优选择。

所以服务不可以怕麻烦，有时麻烦一点就是机会。像浙江船厂广告也一样，想在几家媒体做宣传，先跟我们来商量，我们帮他们一切搞定，最终三十几万元全部进了我们账户。

我们是行家，握有有说服力的理论。掌握了服务主动权，就是掌握了业务主动权。

寻找内在的因果

站在浓荫蔽天的大树下仰望，树叶像厚厚的绿被，难得透进一丝阳光，想冬日里站在同一位置，望着无一片叶子的枝条萧瑟地伸向天空，确是两种极端的景象；观赏花盆里怒放的鲜花，忆及严寒中草茎枯萎，盆中除去泥土空若无物的样子，亦可说是别如天壤。若非经验支撑，从一个萧瑟的表象，人们很难一下子将同一事物联想到繁华的未来。

睿智的人，是能洞知未来，预测事物发展方向的，当然这睿智是以经验、知识及严密的逻辑思维为基础的。总不会有人认为一切事物都必然向逆端转化吧。

所以当我们在某一时间、某一地点，看到的景色不够赏心悦目的时候，既不能灰心丧气、不知所措，又不能盲目乐观、一味等待，分析事物的内在因果很重要。

观赏别样的风景

源于2008年，以美国雷曼兄弟银行倒闭为发端标志，席卷全球的新世纪首场金融危机，重创不少行业，可谓哀鸿遍野，但不同行业也不可同日而语。如美国一些有影响的大报纷纷倒闭，但儿童书出版业却成亮点，业绩不降反升，因为大家觉得其他方面能省则省，孩子培育必须保证；就国内看，外贸及一些实业投资不景气，但汽车销售居然井喷，供不应求，厂里安排生产来不及，要尽早提车，又出现了久违的加价现象，2009年汽车厂商可谓“春风得意马蹄疾，一日看尽长安花”，因为不少人执这样一种思维：做生意搞实业要亏损，买辆汽车反而成本可控、花不了多少钱，又可以提高生活质量。有人说，2009年汽车厂商不发迹的，从此就退出江湖吧。

金融危机下的2009年，《宁波日报》广告逆转了上半年的下滑，全年依然实现了增量；时值2010年上半年，国家出台了旨在打压房价快速上涨势头的严厉的房产新政，在此背景下作为日报广告支柱行业房产广告大幅下滑，但总量仍有增长。

东边日出西边雨，道是无晴却有晴。当眼前出现的并不是我们心仪的景象的时候，我们应该有信心去观赏别样的景色，进一步，我们还应有智慧和能力去营造别样的景色。

学习：向业内专家型发展

作为平面媒体的广告从业人员，每天面对大量的设计好的版面，你能评判出设计的优劣吗？当客户疑惑不定，要你提出设计参考意见时，你能坦然面对，给人以帮助吗？或者我们能直接主动给客户提供设计思路吗？回答是“能”的话，将给你所从事的广告经营工作带来积极影响，并在与同行竞争中胜出。

没有系统学过平面设计，面对以上问题似乎感觉有点复杂，但只要你打开书本，问题就解决了。“设计师的作品只有达到了没什么再可以删去的程度——而非再没什么可以添加的程度，才实现了完美”。优秀的作品应“丢弃许多即使是好的见解，从而让最重要的一点发光”。这是两位年轻的美国学者写的《让创意更有粘性》一书里的文字，一句两句经典话语就可以作为我们评判的尺子，使我们内行起来，专家起来。现实中不少客户总想“节约”，让版面空着不舒服，想方设法要将版面填满，我们就可用“简约”理论来开导他。典型的案例是灭蚊药必扑的广告，整个版面就一句话：必扑一声，蚊子扫光。效果佳绝。

打开书本吧，里面的经典文字如春天路旁遍地鲜花，业内专家就此起步。

精确制导

以往的战争，威力巨大的进攻，我们往往说是对敌方阵地进行了地毯式轰炸，这种轰炸有时把山头也削平了，但轰炸过后依然有一番搏杀，因为炸弹的威力虽大，而精准度不高，避开了一轮猛烈轰炸的战士战斗力尚存。

当今战力的评估，必然涉及武器系统能否精确制导，威力再大的轰炸离目标十万八千里，只是热闹而已，现在的战力讲究的是我打你厨房就决不打你卧室。这样的战力太可怕了，遭受的打击是毁灭性的，所以各国军方一方面研制精确制导武器，一方面为防止这种武器的打击而加紧研制、部署反导系统。

我们与客户的交流也要讲究精确制导，不能漫无边际，要深入领会客户需求，提供给客户策划、方案、广告语、文案、设计、版式、版面等等方面的有用点子，这点子若能让客户拍案叫绝，何愁生意不成，何愁相交已远，何愁财富不丰，这是双方共赢的纽带和结点。我们要避免没有方向的滔滔不绝，避免不知所云的口若悬河，避免听到客户说：这是在说什么啊？

蚂蚁精神

小时候，每当气候变化欲下雨之际，就有蚂蚁搬家的现象出现。蚂蚁们排着长长的队伍，将昆虫的翅膀、面包屑、碎米粒等这些它们认为的食物，从一个洞穴搬迁至另一个洞穴。这是小生灵生存的本能，由于下雨前大气压的变化，它们预感到原来居住的洞穴或许将遭水淹，不安全，于是倾巢而出，在它们的头领带领下，排着整齐的队伍，往另一个位置较高相对安全的洞穴转移。这一过程中每只蚂蚁都忙碌着，大的食物如昆虫翅膀之类由十几只或数十只蚂蚁扛着行进，小的如面包屑、碎米粒便由一只蚂蚁叼着走。不少孩子对这种现象往往蹲下来久久凝视，心有感慨：小小的蚂蚁了不起呀！

蚂蚁精神可以概括为三点：洞察先机、团队精神、独立作战。这三点对我们的经营活动颇有启示。洞察先机，可以为我们的经营活动抢占有利时机，为活动成功奠定扎实基础，当然做到这一点需要我们有领略和分析经济“风尚”的心思和能力，并深入客户，将客户的需求与现实经济“风尚”相结合，策划出有时尚魅力的活动；团队精神，大的活动需要每位员工共同努力，譬如黄金周长假到来之前报纸广告推出“快乐购特刊”之类，就需要房产、汽车、商场、眼镜、珠宝、服饰、饮料、酒类、家电、保健品、家居用品、电信、移动等等业务人员一起参与，这样才能像众多蚂蚁那样扛得动昆虫的大腿；独立作战，小策划、小活动、寻常的单个客户，我们的业务人员应具有蚂蚁扛面包屑的能耐，不要到处讨救兵，要成为海军陆战队的战士。

广告的二律背反

在广告已无所不在地介入我们生活的今天，仍有人对广告嗤之以鼻。

一次与红酒客商相聚，为扩大营销，客商有做广告的想法，但立场不坚定，想听听朋友们的意见，旁边立马有人反对，说广告都是骗人的，不可信，做了也没效果。

听了反对做广告的声音，不少人都看着我，因为我是报媒资深广告人，他们想听听我的想法。

我说，我部分赞同这位朋友的说法，广告都是骗人的，那是因为有一些虚假广告给人们造成了不好的印象，而且产生了后遗症，但其实正规媒体发布的广告是有严格要求的，必须遵守广告法，一个行为用法来规范是相当严肃的事，是马虎不得的，所以正规媒体出现的广告应该是可信的，就像同是一句话，你要看是从哪个人口中说出来的，可信度如何，但人们不愿去细细分析，依然大骂广告都是假的，反正人有时也挺烦躁的，骂一骂挺舒服，其实心里倒不一定这么全盘否定，所以产生了一个矛盾的现象：人们一边说广告都是假的，一边在购物的时候都以广告为指路明灯。譬如有人去超市购酒，柜台里摆放五六十种酒，那些没有印象的，电视、报纸上都没见过的酒肯定不在考虑范围，看到媒体上出现过的，有了印象，就说这酒不错吧，经常在打广告的，就选这种吧。购化妆品也如此，面对眼花缭乱的品牌只能随媒体的指引走。其实服饰、红酒、珠宝等等产品购买指向的产生原理都是同一的。销售产品能说广告没有用吗？我说这是我琢磨出来的广告的二律背反。

大家都赞同我的说法，说确实如此。

又有一朋友说，现在广告这么多，做了也没人看。

我说广告是一种资讯，你不需要这种资讯的时候，你会忽略它，你需要这种资讯的时候，你会去搜寻它、琢磨它。譬如你有买房意向时会去关注房产广告，有买车意向时会去关注汽车广告，买了以后需求得到释放，就不去关注此类广告了，这是广告阅读的需求选择。要买红酒的人当然会关注红酒的广告，这是一种对他有用的资讯。

练好“五项功夫”

对广告从业人员来说五项功夫是必需的：

一是腿上功夫：广告是靠跑出来的，竞争激烈的年代谁的脚头勤(包括一切有效联络)，谁成功的概率就大。

二是嘴上功夫：客户是可以被说服的，关键是怎样说。

三是耳目功夫：听到、看到客户的动静并进行分析，为我们的经营争取主动；听到、看到竞争对手的动静并进行分析，为我们的决策提供参考；广告内容是否合理、规范，也要我们以专业的眼光来鉴别，给客户提出修改意见。

四是心上功夫：了解客户单位的特色，了解客户单位负责人及媒体联络、决策人员的性格、个性；做好客户资料分析、客户所在行业分析、客户广告投放归档、客户广告投放后劲分析、客户与同行业其他单位的竞争关系分析，做好这些将有利于我们的工作有的放矢地展开。

五是手上功夫：与客户接触中，我们若能给有需求客户的广告语、文稿或起草或润色或画龙点睛，将使客户产生依赖和信任感。

提高“五个意识”

对广告从业人员来说五个意识必须牢记：

一是服务意识：想客户所想，急客户所急，尽可能给客户以帮助。

二是规范意识：包括价格折扣、单据填写、版面预订、稿子准时催要、内容审核、权限请示、款项付入及合同履行等，总体以单位规章及广告法律规范为依据。

三是责任意识：业务竞得、稿件审核、款项到位等一丝不苟。

四是团队意识：积极策划、参与、配合团体性广告经营活动，在日常工作中维护团队及队友声誉。

五是效益意识：能硬不软、能彩不黑、能大不小、能前不后、能现不抵、能常不折、能高不低。意思是能做硬广告的就不做软广告，因为硬广告价格高；能做彩色广告的就不做黑白广告，因为彩色广告价格高；能做大广告的就不做小广告，因为大广告价格高；能做前面版面的就不做后面版面，因为前面版面价格高；客户能付现钱的就不抵货；能以常规价格付账的就不要打折；能够收入高的就不要往收入低的方向发展。

倡导“星级服务”不忘“法律规范”，强调“个人业绩”不忘“团队精神”，搞好“日常维护”不忘“强化策划”，努力营造既有竞争又不失和谐、既服务好客户又为单位创造良好效益的工作氛围和工作作风。

管理要诀:乐处与公平

李嘉诚认为,要建立同心协力的团队,管理者先要管理好自己。他说:“第一条法则就是聆听得到沉默的声音,所以我常问自己:团队和你相处有无乐处可言? 你是否开明公允、宽宏大量? 你能否承认每一个人的尊严和创造能力?”

作为亚洲首富的李嘉诚的管理诀窍确实是返璞归真。

相处的乐处,我相信已被很多管理者所忽略。不少管理者追求的是君临天下的气派,一言九鼎的权威,说一不二的快感,哪里还考虑得了周遭人们的乐处。最终一个企业只一个脑袋在运作,团队的作用发挥不了,大家噤若寒蝉,这样的企业不倒闭算是大运,要强大是不大可能的。

开明公允,就是不能出现“做中意不如看中意”的情况,人的性格千差万别,不能以自己的好恶为好恶,要听得进不同意见,要有统一的赏罚标准,随心所欲的赏罚看似权威不可挑战,实则让人无所适从。宽宏大量,则体现了管理者为实现团队共同目标不计恩怨的豁达无我的“大家”情怀,从而使团队体现出乐于表达、敢于打拼的精神风貌。

承认人的尊严,是最基本的为人之道,有的管理者却忘了,常常居高临下训斥部属。曾经有企业员工谈到他们老板当着许多员工面对他咆哮“你猪脑子呀”时,咬牙切齿地说,什么时候我总要给他两个耳光。是否真的就有两个耳光，不去深究，但企业员工多有这样情绪的话，企业能发展兴旺吗？而一些比较兴旺的企业的员工，谈到他们老板时往往以自豪的口吻说，我们老板怎样怎样如何如何，可以想到他们的老板给了他们应有的尊重。承认员工的创造力，就是承认员工的聪明才智，就是从心理上把员工放在与管理者同样的位置上，管理者不自认高人一等，做到这一点管理者是需要有胸怀和气度的。其实管理者承认员工的创造力，员工的创造力会更加被激发出来，并且会更尊重你，会更乐意与你在一起，被人赏识也是乐事，士为知己者死。企业有了这样的良性互动，想不发展也难。

展示自我

在日常活动中，职场的人应有自然地展示自我、展示自己所在行业优点的行为和魅力，这样有利于业务影响的拓展、兴趣点的激发、交谈的顺利进行、知识的交互增进。

一次与茶叶界的几位老总共餐，好几位都由于开车的缘故不喝酒而喝茶。饭店便提供几杯绿茶上来，但质量不高。有人说这茶质量太差，又没保存好，别喝了。我以开玩笑的口吻说，作为茶界老总，你们外出时每人应带有小包的茶叶，这种场合就可以拿出来让大家分享。这样做一是你会觉得自豪，看我的茶叶就是不一样；二是你会觉得快乐，因为朋友们喝了都说好，你多高兴啊；三是拓展了你从事行业的影响力；四是树立了你经营的品牌形象。他们都说对啊，我们以后外出就要随身带几包茶叶，以显示我们的身份、宣传我们的产品。我说我出差就会自己带几小包茶叶，扩大茶叶行业的知名度，我的贡献比你们还大吧。他们都大笑起来。

我继续对他们说，我的说法是有依据的。南苑鞋城董事长是我的朋友，他与我们相聚，就会说自己的皮鞋是什么什么皮鞋，什么皮鞋是好的，生活中穿一双好的皮鞋是如何地使人一身轻松；宁波钟表眼镜公司的董事长也是我的朋友，跟他在一起，他会说现在推出了什么新产品，向朋友们介绍自己戴的是什么眼镜，戴一副舒适的眼镜对自己是多么重要。当然他们在展示自己行业风采，介绍行业和产品知识，显得既生动又风趣，时间几乎是在增长行业、产品知识的轻松而愉快的气氛中度过的。几位茶界老总都说大有启发。

由此想到我们报媒广告工作人员，在脑子里也应该有几个有感染力的精彩的能展示广告魅力的事例、故事，以便在日常交往中脱口而出，给人以潜移默化的作用，甚至是瞬间的启发。这样的事例、故事你准备好了吗？

命名的讲究

空气能热水器在市场上推了几年，终究热不起来。一天生产某品牌空气能热水器的老板来办公室，谈起宏伟规划，表示已在外省着手建立全国规模最大的生产基地，不日将宏图大展。

我说，这样的市场温度对你大规模投入有没有压力？他坦言这样不温不火的市场状况，确实有点压力，但产品是好产品，我相信前景是好的。他分析说，太阳能热水器省电，其实空气能热水器更省电。太阳能热水器在冬天、初春及深秋是要用电热的，所以它只比电热水器省了一半的电力，而空气能热水器却比太阳能热水器再省一半电力。

我说你并没有说服我，我觉得空气是没有什么热度的，它的热度随天气气温变化而变化，而空气能这里又不是指风能，它的热能来自何处呢？他说空气能其实也是要用电的，通过电能激发转换而来。我说这个就越发让人觉得是电加热了，你能浅显易懂地说明省电机理吗？他为难地说，要说清楚挺复杂的。我说，我觉得这就是空气能热水器热不起来的症结所在。

太阳能热水器为什么推广起来挺容易的，就是因为大家都感受得到太阳的热度。阳光暖暖的，把水晒热了，就省电了，很直观的事。空气直观来看说是没什么温度的，要热还不是靠太阳把它晒热吗。所以消费者会认为看不见摸不着的空气能是一种忽悠。

他说，这倒也是。我说由太阳能容易推广来看，说明产品的命名很重要。他说也取不出让人容易理解的名称。我说那就称“低碳节能第四代热水器”。因为第一代是燃气热水器，第二代是电热水器，第三代是太阳能热水器，发展到现在就是第四代低碳节能热水器了。这样消费者容易理解和接受。

他说跟你一交流很受启发，但空气能热水器已叫了有些时候了，名称也不是说改就能改的。我说在媒体上开个研讨会，一是把空气能热水器的原理说清楚，二是将第四代热水器的名称叫出去，这样消费者就容易接受了，省这么多的电对谁没有吸引力呀。他兴奋地说就这么定了，你给策划策划。我痛快地回答，只要肯在日报投入，策划是没问题的。

秋叶璀璨

日本人有赏樱花的习俗，每当春暖蕾绽，赏花胜地宾客如云。但此时此景并未使当地宾馆爆满，一般开房率在百分之九十左右。每至秋日，层林尽染，红黄相间，色彩丰富，各路来客流连忘返，宾馆爆棚，帐篷自然展开，蔚为大观。

国内经济勃发，人们春游秋赏雅兴渐浓。以往每逢秋风落叶，保洁人员不仅将市内马路落叶扫尽，还同时费力地将公园内红黄落叶清空，市民觉得可惜，报媒也有呼吁：对于飘落于公园草地上的树叶手下留情。

今秋在单位旁江边散步发现，金黄色的银杏树叶及一些不知名的树飘落的血色叶片，久久静卧在公园草地上，一日、二日、三日、一周……如此情景，让人感动。天地有大美而不言，经济发展后，更多的人具备了发现美的眼力，有了情感的另一层次的升华。

以变化的思维、变化的眼光看变化的眼前及将来事，才符合天道，循道行事，其事乃圆。

发现兴奋点

德克德家是一家中高端家居卖场，一段时间在宁波某些媒体投了不少广告，《宁波日报》的广告策划人员与之接洽，对方反应不积极。

我们内部分工调整后，我计划拜访过去没有涉及的各线条的龙头客户。去德克德家之前，我了解到：这家家居龙头企业广告投放不青睐我们日报；董事长赵先生性格儒雅，喜好以茶会友。

一天，我在业务人员的陪同下拜访了赵先生，赵先生亲自掌壶让我们品尝他收藏的优级普洱茶。恰巧我因为日报每年组织一次茶叶评选活动，接触了不少茶界朋友，耳濡目染对喝茶之事也略懂一二，于是从茶叶到紫砂壶与赵先生互动得颇有兴味。我发现赵先生对喝茶颇有心得，是位高人，但他很谦虚说自己不太懂。他还客气地说早知陈总好茶，我早就来拜访了。第一次碰面，因有了共同的兴奋点，颇有茶逢知己千杯少的感受。将告辞时，我们谈了广告合作的事，赵先生干脆地说我们排排计划。赵先生事业涉及深圳、杭州、宁波三地，所以经常在三地奔走，我说等你下次来宁波我陪你去宁波茶叶店喝茶，他高兴地说好的好的。

过了一段时间，德克德家广告整版整版在《宁波日报》出现。我叫业务人员打听德克德家对广告效果的反映，据说效果不错，将继续投放。

兴奋点是钥匙，能打开合作之门；兴奋点是缘头，能点燃友谊之火。

友情的境界

我们与青春宝集团的关系很密切，我们到杭州去总是给负责产品形象宣传的某先生打电话，说我们到杭州了，就在你们食堂中餐，要吃你们青春宝自己养的鸡。某先生总回答：好的，好的。你们几点到？我等你们。

一次，我们跟他谈一个全年广告合作合同，告别的时候，他说这些天没有投放你们报纸的广告计划，你们从宁波老远跑过来，我把省里某某日报明天刊登的广告交你们刊登吧。我们很感动，在返程车上立即叫排版的同事留好版面，第二天青春宝漂亮的形象广告就在《宁波日报》头版亮相了。但他也不是乱作主张，因为他认为宁波是青春宝最重要最好的市场之一，怎么宣传也不为过。

某先生到宁波来，完成他的市场调研任务后，也总会来我的办公室聊聊，谈谈各自的工作情况及思路设想。那几年青春宝是我们的大客户之一。

可见我们的友谊非同一般。这友谊的加深有一个故事。那一年，青春宝在重点市场搞形象促销，品牌代言人香港明星温碧霞要到天一广场做宣传，整个活动是由某先生负责的市场部策划的。某先生便提前两天到了宁波，但事情有了变化，商店负责人说，我们欢迎你们搞促销，但我们不知道治安许可能不能批下来，因为有关部门怕人多控制不好发生安全事故。某先生说香港的机票已买好，董事长也将亲临，这事办砸了，他的压力不得了。商场方面也想不出办法，说安全是硬杠子，叫某先生自己想办法，要么取消活动。某先生一脸苦闷来到我办公室，将情况一摆，我深刻领会了他进退两难的处境。此刻，我的越是人家有困难就越想帮人一把的性格显现出来了。我开始打电话，最后用半天时间将关系理顺，有关单位根据实际情况，落实了切实可行的安全措施，同意明星到场，但缩短时间，疏通通道，强化安保，严格控制人流流量。整个促销顺利圆满，各方满意。经过此事，某先生与我的友情更深了，我们的沟通十分顺畅。友情在共同应对困难时更易加深，友情是我们工作中一个很高的境界。

不精则奇

中国农业银行在中央电视台的广告大气磅礴:原野、麦浪、雪景,那画面拍摄得壮阔、辽远又细致入微,可谓天地一绝。大行德广——农业银行。景色入心,印象不灭,广告的功也就成了。这种广告是广告中的精品。花了大钱,达到了预期目标,提升了品牌形象,值得。作为资深媒体工作者,本人眼光并非好糊弄的,当电视上广告似水流过,本人往往换台以抗,但每当触及农业银行以景取胜的广告画面,便凝目再三,不忍翻页,且是百看不厌,犹如好书不厌百回读,此情此景此气派此超凡脱俗,确非一般广告构想及画面能营造出来的。

媒体上有那么多的广告,记忆深刻的不多。要么宅如何豪阔,要么车如何澎湃,要么化妆品如何青春永驻,要么保健品如何返老还童。反正全都是一个样,全都是一个调,一锅粥的记忆,想有好的广告效果,不大可能的事。有的就来傻办法,烧钱,让粗制滥造的画面一再重复(广告需要重复,但要精品的重复),认为烂角出镜千遍便也是明星,令人大倒胃口,败坏品牌形象。

广告精,设计师及团队要有灵感,要有技巧,要有语言文字功底,要有美学构思及鉴赏能力,还要与广告主有契合度。

有时由于某种原因的限制,达不到精美,那么就从出奇制胜上想办法。如设计出让鱼在树林里游动,让鸟在水中飞翔,这样别出心裁的画面，使人印象深刻。

当客户需要我们对广告设计出出主意的时候，我们要记住“不精则奇”的原则，这样才有底气，才不会让人觉得不知所云。这是我们与客户交往的基本功。

与客户交往的基本功，就是能与客户对得上话，而且说到点子上，让客户通过与你互动有至少那么一点点启发。有一次，一个书画收藏家与我探讨画的优劣，我谈到布局、细节、神韵时，他说你懂你内行，我说我不懂也从无深究，只是寻常的想法。他说你的说法，与我们的专业评判相吻合。后来我们聊得很投缘，第一次碰面就似乎是老朋友了。

阅读对象研究与广告创意

2010年8月，慧聪邓白氏研究对“70后”、“80后”、“90后”群体进行一项阅读调查显示，三个年龄层次在选择新闻方面有显著差异。“70后”关注的是社会新闻、经济新闻和时政新闻；“80后”更关注体育新闻、图片和招聘信息；“90后”更加在意文艺新闻、文化专栏、图片和旅游信息。这里值得关注的是对图片的接受度，“80后”和“90后”远远高出“70后”。

这个信息告诉我们，我们的客户产品面向的是年轻群体时，广告创意要突出以画面为核心，这样更易引起目标群体的关注。

我在这里只是想提醒媒体广告从业人员，为了更好地服务客户，应对阅读对象进行研究，从而为我们的客户当好高参，这样客户将与我们有长期的良好互动。

当然，我们还要对获得的信息进行分析，为什么年轻人更关注图片呢？我认为有这样几个原因：第一是随着生活、工作节奏的加快，年轻人没有可能在阅读上花费大量时间；第二是信息海量化时代的到来，人们浏览更多信息，却因时间有限无法深入；第三是现代生活更加丰富多彩，年轻人已不像年长些的人们那样将阅读当成主要生活休闲方式。浅阅读因之成为人们阅读的常态，并逐渐形成为年轻人的阅读习惯。图片阅读正好迎合了这一阅读需求。

有了这些调查信息和分析，再辅以其他专业知识，我们与客户的沟通与创意的确立就有了专业性与主动性，客户将把你当做广告传播专业人士来信赖、倚重。

预测仅仅是预测

集音频、视频、文字、图像数据库于一体的新媒体出世，给人们带来巨大震撼，人们开始谈论新媒体是“超级媒体”，是“独霸天下的未来媒介”。

新媒体与运行了两个多世纪的报纸来比，后者真是弊端多多：报纸每天耗费大量纸张，启动巨大的轮转机印刷，再加上捆包、长距离运输，最后由发行员分到各家各户。以新媒体之长比报纸之短，报纸消亡论甚嚣尘上。

大家争相预测报纸消亡的时间表，结果大家都错了。1998年，美国合众国际社CEO杰姆·亚当斯断言互联网将在5年之内吞没传统媒体。从1998年算起的“5年之内”早已过去，日本网络专家再把日子往后推，预言到2010年，电子报纸的市场占有率将达到半数以上。可惜2010年也已飞逝，半数以上的电子报市场在哪里？

就像股评家预测股市，军事观察员评论两敌对国的情势，他们说得准吗？说得准的话，股评家就是世界富豪榜的常客，也不至于发生某财经大学金融系教授由于炒股巨亏而自尽这样的事；两国也不用打仗了，叫军事观察员来说说就可以了，也不用死这么多的人，谁胜谁负结果就出来了，大家该干什么就干什么，今后打仗就成为“说仗”了，谁不服来说说，就成了。

要重视分析，关注预测，但不用全信。

信息引导力的含金量

报媒的影响力，主要从发行量、份均阅读率、目标群体等诸方面确定，以往调查机构也从这几方面着手来调查，然后提供给客户一份貌似公正的影响力数据。但这种调查是机械的、静止的，忽视了不同报媒影响目标群体后所发生的连锁反应，我们在这里把它说成是引导力。

不同报媒针对的目标群体是不同的，目标群体阅读后行动所产生的影响力、引导力是不一样的。

如作为党委机关报的日报，刊载的信息具有严谨、准确、一言九鼎的权威性，它的读者群则有高端、精英的特点，这些人群具有切切实实的购买决策力、行动力、财力以及引导力。

这里特别讲讲引导力，譬如某著名富豪，戴的是某品牌手表，一些人便会跟风；某明星用的是某化妆品，爱美的人们便去尝试；某名人穿的是某品牌衣服，时尚的人们便会想拥有。甚至某领导抽什么烟、喝什么酒，这些烟酒便大有市场。依此，高端、精英人士用什么家电产品，用什么家居用品，开什么车等等，都会受到追捧，他们的消费引导着、影响着普通民众的消费，成为普通消费者的消费榜样和风向标。

可见，日报不仅能影响高端消费人群的消费决策，而且能产生消费的引导力、影响力，这种引导力、影响力就是党报作为权威媒体的魅力。而这种魅力以往却被实实在在地忽视了。

同期分析与下月创新

竞争越激烈，工作就越要细致。

各行业的广告，除有全年计划外，每个月的任务如何完成，上一个月就要翻翻去年下一个月的报纸，去年同期的广告是怎样构成的，同期策划能否再次实施，大额广告荣光再现还是留下巨大空白，有多少份额能重复去年同期的故事。

实际上时光如流水，翻翻报纸便会发现，很大一部分业务一去不返，但同期分析有几大好者处：一是能吸取、继承、光大上年的优秀策划、做法，少花时间得大益；二是通过分析广告构成、市场，对业务人员启迪思路大有好处，尤其是对一些新业务人员来说，解决了张口吞天无处下口的难题；三是使自己的大脑清楚地呈现出既有与目标的差距，有了竭尽全力向目标冲击的激情和动力。

既有与目标的差距，就需要凭我们的策划，我们的聪明才智，我们的勤奋努力去缩小、去填平、去超越。这个时候，我们可以借鉴其他媒体的优秀策划，可以凭借自己的经验和团队智慧，可以从实时发布的信息与事件发展的进程中寻找策划创意的灵感，来出色地完成我们的目标任务。

等待花开

中央电视台财经频道介绍了一位民营企业家，他的企业以经营小飞机喷洒作业为主，虽有艰苦创业的曲折过程，现在则是挺兴旺挺成功的。初创阶段的一个细节给人以启发：他想拥有第一架小飞机时，跑到一家有小飞机的单位跟人家谈，人家不卖，给赶了出来。第二年他打了个电话过去想买飞机，人家还是不卖。第三年他又打了电话过去，对方说你要买飞机就过来吧。原来是那家单位倒闭了，正在处理财物，其他都有人要了，只剩下小飞机无人搭理。他赶紧将一辆跑运输的车卖了，他说这车卖得好的话值 2 万元，卖得急只要了 0.45 万元。他揣着钱赶到人家单位，人家要价 2000 元，他说他只有 1000 元钱，单位的人看看没人搭理的满是尘土的小飞机说，就 1000 元你拉走吧。他赶紧付钱，立马到街上要了辆车将小飞机运走，怕人家反悔。由此他拉开了发展小飞机经营事业的帷幕。

宁波有家全国知名的厨具企业欧琳集团，除在东方卫视等大量投放广告外，本地平面媒体也做些宣传，但侧重在都市类报纸，由于我们《宁波日报》服务周到，即使欧琳投其他媒体广告，仍希望经由日报工作人员帮他们沟通安排。针对这一现象，有业务人员提出，投其他媒体的我们就不管了，让他们自己去沟通吧。我认为这想法不对头，欧琳信赖我们是我们服务成功的体现，也是我们的优势所在，掌握服务的主动权，就有了与客户多接触多沟通的机会，就有了成为对方宣传策划顾问的基础，到某个时候广告投放就会向有利于我们的方向转化。果然，过了近一年的时间，某一天，欧琳公司董事长打电话给我，说老朋友有没有时间，我们谈谈。我当然有时间。这次一谈就来了成果，从不与当地媒体签长期合同的欧琳，与日报签了份广告投放的长期合作协议，日报成为他们在当地媒体广告投放的首选。自此日报的欧琳品牌广告量理所当然在当地媒体占据首位。

成功需要耐心，成功垂青选择坚持的人，我们只管耕耘，等待花开，硕果就会自然结成。

传递快乐

快乐是人生理想状态。快乐是一种能力。快乐能够传递，传递快乐者快乐不减反增，接受传递者快乐陡生。一个快乐的人，人们愿与之交往，朋友也越来越多，事业也容易成功。

我有个因业务而认识的朋友，在企业曾出任企划部经理、办公室主任、总经理助理等职，也与人合伙开办过小公司。不定期的，他过一段时间来我办公室聊聊，我问他近期还好吧？他总是说，大哥哪里会好啊。接着数落出一大堆烦心事，年长几岁的我总是劝慰开导他一番。有一次我对他说，你一进门总是愁眉苦脸、心事重重的样子不好，而且一开口总是一肚子烦心事，这样对事业不利，不改变这种形象难有进一步发展。他不好意思地说，这一点我自己也意识到了，但难以改变啊。我说还是要改，要给人以自信乐观的形象，而且要发自内心的，修炼修炼，当然有个过程。他说大哥谢谢，我试试吧。过了几年其他朋友传来消息，他依然是一派苦大仇深的样子，后来小公司倒闭了，电话也停机了，少有跟人联系。我为他惋惜。

我们的业务人员也有两种类型。

一类是乐观自信的，整天笑哈哈，给客户传递着快乐的信息。客户反馈说你们那里某某很合得来，我们相处很愉快。我了解到他们的业务做得顶呱呱，操作也很规范。当然这类人对业务知识比较精通，其他生活知识也相当丰富，与人互动很有针对性，与人聊起来带给人的是快乐。

另一类是抱怨牢骚比较多，给客户传递的是工作压力大、生活太劳累。时间一长客户怕与之接触。

我在与客户接触中，对这两类业务人员的反映都有耳闻。

生活是丰富多彩的，生活也少有一帆风顺，快乐与烦恼共生，这是生活的本质。生活的智慧在于如何发现快乐、放大快乐、留住快乐并忘却烦恼。

传递快乐，使人喜悦，会得到人们的喜爱与支持，事业也容易成功。反之亦反之。我们的工作人员要努力成为传递快乐的人。

结果与过程

在采访企业过程中，老板对于管理有两种明显的倾向：一种是只看结果，过程不需汇报，他也不要听；一种是事无巨细，详细经过都要问问清楚。究竟哪种管理方式比较科学，我的直觉是大企业的领导应以看结果为主，否则忙不过来，小一点的企业可以调研调研过程，以利企业进一步壮大发展。

具体到媒体的广告业务，对于骨干人员应以结果管理为主，这样可以充分发挥他们的主观能动性，把自己最擅长的一面发挥到极致，产生良好的业务效果。管理人员也有更多时间和精力处理更该处理的事。

对于新人，从业不久，对客户不是很熟悉，经验不是很丰富，不能等待结果，等一段时间过去，木已成舟，业务效果不理想，想补救都来不及，市场机会稍纵即逝，悔之晚矣。这就需管理人员关注业务进程，包括方案提出、文字形成、具体实施、客户走访、版面组织、最后收尾，这样整个过程会顺利些。

所以一般管理原则是：骨干看结果，新手看过程。

智信创富的财富含义

我有位姓竺的企业家朋友，颇有智慧，人又儒雅，商务运作一直挺有成效。最近相聚，他说跟朋友合作注资巨大的投资公司就要开张，公司名称为：智信创富。我听后直觉名称取得挺大气的。他解释说，智，就是智慧；信，就是诚信。顾名思义，公司是以智慧和诚信立足社会、创造财富的。我说这符合我们时代的特征，光靠智慧没有诚信，企业走不远、久不了；光有诚信缺乏智慧，企业做不大，竞争不过人家，也难以生存。智、信应成为企业的文化，使每位员工都浸润其中，这样企业必然壮大、久远。他大笑，毕竟是老朋友，心有灵犀一点通。

现今社会，要收获财富，智、信两点紧密相连，废一而不可得之。这对我们广告从业人员也有启发。

有名言：不当总统就当广告人！总统可以一展抱负实施自己的治国理念，广告人可以天马行空突显自己的创意，有异曲同工之妙。广告人本质是替人策划，不会策划的难称是广告人，策划是智力活，所以“智”是广告这一行的核心竞争力。“信”是一切品牌商务活动的支点，有云：人而无信，不知其可。意思是一个人没有信用的话，不知他还能够做成什么事。信，同样是广告从业人员的支点，有这个支点、坚持这个支点就是大写的人，朋友、客户就愿意与你交往、相处，何愁事业无成。

智信创富，贴切地阐释了财富的渊源。

行动就是机会

越有知识，越爱思考。

然而有时不需要那么多的谋篇布局，跟着感觉走，行动就是机会。

以往在企业采访，不少企业家说不上有多少文化，也不能说考虑周密，许多事说干就干，磕磕碰碰前行，居然成了。在这个过程中，我发现，他们是先干起来，碰到问题，再一个一个去解决。十多年过去，不少企业从小到大、由弱到强，成为实力雄厚的横跨多个行业的大集团，令人开心。

也碰到相反情况，另一些想在经营方面有所动作、有所拓展的朋友，不断谈计划、谈思路、谈设想，好些年过去，还谈，谈来谈去，总为一点不如意的地方而犹豫、而徘徊、而另起炉灶，时光流逝，雄心空负。

日前，与一相交近二十年颇有成就的企业界老友聊天，我说当下不少业界人士采取悠着点策略，一停、二看、三通过，你呢？他的回答颇有个性：行动才有机会，等待就是放弃。接着他大谈最近启动两个项目的灿烂前景，并邀请我什么时候去看看。

萨特说：行动吧，在行动中就形成了自身。人是行动的结果，此外什么都不是。

行动就是机会。不要问从哪里开始。

附录

《我为秋狂》发刊词

我们需要什么、期待什么、追求什么？这是生活节奏越来越快的人们，从一个忙碌迈向另一个忙碌间隙里经常会想到的问题。

越是紧张的人们，越是珍惜一丝悠闲，这是必然。“十一”长假犹如解除酷暑旱情的如注暴雨就要来临。我们将怎样放松紧绷的心情，找回人生幸福、欢快感受的维他命？涉足远山近水、品尝山珍海味、将心仪已久的物品放进购物篮、保养无可替代的肌肤……种种选择理所当然。这是我们辛勤劳动收获的果实，这是我们生命乐章璀璨的一幕。

我们在思索：如何让人们在享受悠闲中，显得更轻松。几位同仁一拍即合：在长假来临之前推出一期“金秋消费服务完全手册”。为让人们的思维从相对严肃的工作时段跳出来，整合同仁意见，“手册”定名要“狂”一些，“野”一些，而时序已秋，故而冠名为“我为秋狂”。

创新给人带来的激情是无与伦比的。我们坚信在这样的时刻人们更期待别样的“脸孔”。给人以全新的发现、不一样的视觉、完全的掌握、整个身心的融入，抱着这样的宗旨，我们奉献在读者面前的“手册”是“迷你”版型的。

工作十分紧张，从意念一闪，到方案确定，至计划全案、实施推广、设计制作、印刷发行，整个过程留给我们的只有两周时间，但所有参与此项工作的人们都被创新的、紧张的工作氛围所激励，团结协同，不计昼夜，不知疲倦地奔波、忙碌……

最值得欣慰的是，“特刊”的推出，得到了各界新老朋友的热情支持与鼓励，许多厂、商、店家、品牌纷纷在首创“迷你版”闪亮登场，使手册的服务内容更趋丰富。在感激之余，我想“抓住机遇、敢于尝试”正是我们众多企业家能够成就一番伟业的可贵品质之一。

尝试或许会有缺失，但只要有这种精神，我们有理由相信，今后的一切会更雄伟、更壮观、更美好！

注：在“十一”长假来临之际，广告客户多看淡日报对开大报版面，认为四开的都市类报纸更有张力，在日报的半个版面，在都市类报纸就是整版了，整个版面就是完全的注意力，传播效果会更好。鉴此，我们推出八开版型的“迷你珍藏版”，吸引了众多客户，2003 年 9 月 26 日增出 48 版，一炮走红，创收颇丰。以上为增刊《我为秋狂》的发刊词。

理财是金

很坦率地说，早几年是无财可理的，理财一词在心中便没有什么分量。

有些许小钱，也不把理财当回事，理来理去，还不是那么一回事。

广告的作用是巨大的，有时一句精当的广告词能使人顿悟。不记得在哪里看到一句广告语，但内容却在我不怎么理会财富的心中打下了印痕："你不理财，财不理你"。

财是好东西，早些年不去理它，源于绝望，源于理不出头绪来，省得痛苦，便装作洒脱，这倒也是对的，无财可理，硬理也是不行的，是要理出问题来的。

现在的问题是，经济发展了，人们的口袋有点分量了，书报杂志上也到处热闹着理财的内容。再说心里装了句"你不理财，财不理你"的小句子，胸中便蠢蠢欲动，生发出理财的芽来。

君子爱财，取之有道。看来有财可理的时候便理财，是君子的做法。理财是有道取财，有道之财不取，可谓暴殄天物，可惜得心疼。

现在理财品种之丰盛确非昔日可比，储蓄、股票、基金、打新、炒金、期货、外汇、收藏诸如此类，平时不怎么在意的人，一下也眼花缭乱。是到了该去网上、书报及有经验的人士处学习学习的时候了。据说，一些发达国家的理财精英，颇有理财心得，比如储蓄、股票、收藏等等投资，按风险大小以一定比例配置，以使自己财富既能增值，又不影响原先稳定的生活。

对某一高风险高回报项目倾囊而出是理财大忌，但撑死胆大的个案也不少。一旦暴发便唾沫横飞，不具理财普遍意义。应该说，长远的和谐理财是为上策。

“你若理财，财便理你”。你想得到什么，经过努力就会如愿以偿。理财的时代确确实实到来了，不可错失良机。也弄个句子出来，让人心里念着：理财是金！

注：此文为2007年12月推出的金融特刊《财富巅峰》卷首语。

品牌:2008车市风向

少车可供驾驭的时代,一枚车钥在握,肯定比饮咖啡更让人神经兴奋;汽车成为寻常百姓“坐骑”的当今,品牌才是拥车族的风向与旗帜。

经济发展之迅猛令人感慨:早几年,朋友们购车,是天大的事,询问的也常常是哪种车便宜、实惠;近来朋友置车、换车,说的则是参谋参谋什么品牌好。

汽车确是非同一般的消费品,它给人们带来便捷的同时,也给人们带来精神的愉悦。手握方向,目凝远方,坐在疾行的车中,那种惬意的感觉,无法用语言形容。居家、办公、会友、休闲,它使人们的空间大挪移变得轻松自如。人们跟它密切之依赖已有人定性为:钢铁情人。

汽车的安全性能、动力、操控、设计、配置、造型、流线、色彩等等,方方面面是否出色,经过众多消费者的使用“鉴定”,最终成为一种车产品是否是名牌的“砝码”。名牌是产品各方面性能均较出色、综合得分明显胜人一筹的产品。一般消费者不可能对车辆的各方面技术参数、性能有透彻的了解,品牌遂成为消费者拥有一定经济实力后购置车辆的风向与旗帜。

消费者择牌而购,是市场经济发展到一定阶段的必然,也是消费者自身利益的要求。择牌而购,才能使有责任心、出精品的厂家占有更广阔的市场，使之更加强大，生产出更为优质的产品，也使"滥竽"出局，或使之奋进。这毫无疑问将使消费者获得较为满意的货真价实的产品。

汽车消费与家电、服饰、化妆品等等不同，家电、服饰、化妆品等一经离柜，顾客与经销商联系就告一段落。而汽车正常使用的话，一辆车从购置到报废，它的使用时间有十几年甚至更长，这过程中咨询、保养、维修、服务，用户与经销商频频互动、紧密相连。4S店的售前、售中、售后服务有严格的标准规程，但这些都得有人去执行操控，这就使服务有级差。现今，购车的人们不仅在考虑买什么品牌的车，而且在考虑去哪一家店买车，这就涉及经销企业的形象与品牌。服务周到的经销企业将给消费者提供极大的便利。消费者在那里购车将感受到细致、耐心、周到、温馨的服务，使人备觉放心、踏实、满意。

2008年车市的风向：不仅指向制造品牌，还将席卷服务品牌。

车企如何在2008年竞争中取胜？毫无疑问：双品牌便是旗帜。

注：此文为2007年12月推出的《品牌决胜》汽车特刊卷首语。

我心飞翔

江南三月，莺飞草长，靓车洋洋，我心飞翔。

一

记得10年前去服装企业采访，一位业界颇有影响的老总说，国人的消费观念有待接轨国际，一件T恤、一件衬衣往往要穿好几年，人家发达国家，T恤、衬衣半打一打买，这样才能拉动消费。我以为这不是观念问题，钱包鼓不起来，如何消费？像观念这样的东西，根本说来是产生于经济土壤里的。10年前手机号称“大哥大”，功能只有通通话，现在手机功能不断扩张，却连“小哥小”也称不上了，基本上是人人都可轻松拥有。随着我国经济的持续发展，从服装、手机一路走来，如今人们的消费热点瞄上了汽车，这是可喜的。

二

假如一般消费者，对于服装的款式、面料，对于手机的功能、品质还可以道出一二的话，那么对于汽车就要生疏多了。人们往往为购得一款中意的车而奔波于各专卖店，毕竟是不太熟悉的“大件”啊。“车博会”搭起了方便消费者的平台，你如有需要就在此慢慢地比较，仔细地挑拣吧。说实话我有不少想购车的朋友就在盼着这个“车博会”。在“车博会”亮相的品牌及车企车商也是个个底气十足。俗话说“不怕不识货，就怕货比货”，既然不怕在“车博会”轧闹猛来个“货比货”，说明有自信，并相信不同层次的消费者会有不同的选择需要，只要“货真价实”性价比不错，就会有商机。“车博会”的规模一届比一届宏大，消费者和车商都越来越认同这一平台，令人兴奋。

三

蓝天行云，大地点青，远山新绿，涧水成韵。“车博会”既是一个香车美人、创意缤纷的春日景点，又是一个实现人们蛰伏一冬早已按捺不住的远足之梦的起点。这里将给人们狂野出行添上双翼，驾一款心仪新车，驭风疾行，随心所至，此种痛快，无法用言语形容，只有用心来体味。

“车博会”终于拉开了帷幕，大家都来吧！

注：此文为2008年3月宁波国际汽车博览会特刊《车的“奥运会”》卷首语。

交通的方向　居住的方向

在市中心安家，拥有自己的居室，这是多数市民的理想选择，因为这将给工作、生活、休闲带来诸多便利。

但千百年来打造形成的城市中心，承载了历代人们太多的梦想，如今已是拥挤不堪。卸载、改造、重绘新图，这些年可谓步履匆匆，但留白越来越少，再要有惊人的进展，明显是气喘吁吁，怕是力难从心。

郊野是构筑新巢的理想去处，但对工作与生活区间距离的恐惧，使人们对郊居望而却步。汽车的普及为城市人们郊居生活打开了一扇洒满阳光的温暖的窗。对距离的担忧与顾忌在车轮下粉碎。跟北京、上海、广州比，我们的郊区其实路途并不远，可谓近在咫尺，但没有汽车衔接的话，习惯于小城生活的人们，在郊区居住照样觉得不方便。汽车确实成为清静居住，热闹工作、生活的功臣，它两端兼顾，却潇洒自如，郊居生活的号角因之而嘹亮地鸣响。

其实，居住郊区化是发达国家及许多经济推进迅猛的发展中国家城市化进程的必由之路。随着城市人口的膨胀及城市功能的细分，郊居时代的来临不可阻挡。相对优惠的价格、出色的规划、周到的配套、大批量的绿地、碧波流泉、鸟语花香，这是人们对居住环境更高一个层次的追求，能不令人神往？

可以预见，从今往后，更多选择居舍的目光会投向郊区，脱离了闹市的喧嚣，拥有了汽车的便捷，坐享蓝天绿地，郊居将是绝大多数人提高居住质量的必然选择，钱湖比华利、江南一品、西城十二庭园、亲亲家园等等热销便是序曲之浪花，今后这股浪潮将愈加汹涌。郊居重在道路交通，城市规划、轻轨、公交线路、道路铺设确实值得我们用心关注。

人生的许多问题，都是方向的问题，如今对于住房来说：交通的方向，便是居住的方向。

注：此文于2006年12月7日为《楼市大周刊》而作。

品牌决胜

市场经济泥沙俱下，消费者置身于产品的汪洋大海，肩背钱袋、手捏信用卡，想斩获自己中意的产品，往往拔剑四顾心茫然。

而品牌便是消费者航行于商品之海，到达理想产品彼岸的风向标、指南针、灯塔。

宁波经济的发展有目共睹，宁波工业产品品牌旗帜猎猎飞舞，宁波房地产品牌经过几年的大浪淘沙也始露头角。在本届住博会上，这种现象十分普遍：消费者看房不仅仅关心地段、环境配套、房子套型，还关注开发商是哪家企业，边参观边评论开发企业的实力，以往产品的品质、服务、诚信。本人以为甬城房地产企业凝聚力量向品牌高地冲锋已是时候了，房地产已进入品牌决胜时代。

短缺经济渐行渐远，卖方市场向买方市场转变，消费者拥有房地产置业选择的从容淡定，品牌产品成为亮点；

宏观调控，炒楼退烧，房产作为投资增值首选的光环已然失色，抢购狂潮难以再现，消费者挑剔的目光将会聚焦于品牌；

第一轮置业完成，再置业必然有更高的品质要求，像家电、服装等工业产品一样品牌选择成为必然；

开发商优胜劣汰，胜出企业为继续抢占竞争的制高点，以利企业长远发展，创立品牌是自然的追求；

品牌是行业发展初级阶段（产品经济）向高级阶段（品牌经济）发展的必然之路；

郊区开发的有利条件，甩开了闹市施展不开拳脚的拥挤与无奈，一张白纸可以绘最美的画；

宁波是膨胀型城市，发展潜力巨大，且各县市经济发展迅猛，房地产业后劲较足，品牌产品不愁曲高和寡；

外地房地产品牌企业如万科、中海、凯德、万达、绿城、坤和、金地等纷纷入甬，与狼共舞，与品牌共舞，必舞出品牌，不注重品牌者将难以立足。

鉴此，宁波房地产品牌决胜已无可置疑。

注：此文于2006年11月30日为《房产》特刊而作。

方 向

题记：我们付出努力，读者指明“方向”，消费者从容前行，人们将感受需求的满足。

人生的许多问题，都是方向问题。而方向的选择以人们的需求为内在动力，以标的物为指路明灯。

宁波是一座经济发达、活力四射、美丽而充满魅力的城市。宁波制造、宁波品牌驰名海内外，宁波会展正吸引越来越多的客商蜂聚甬城寻找商机，宁波人文、自然景观声名远播，观光客纷至沓来……

人们奔赴常住地外的另一个城市，除工作外，首先想到的是住哪里？吃什么？其实毫不奇怪，在我们的生活逐渐美好起来后，享受周到细致的服务、实惠而可口的美食确是人生幸福的可贵体验。我们也经常遇到外地朋友来甬要我们推荐住在哪里好、到哪里吃乐胃的问题。

鉴此，我们推出“方向”——“甬城最负盛名（人气最旺）宾馆、餐饮企业”海选活动，让众多的读者来给人们点亮指路“明灯”。

本次海选活动，历时一月有余，得到了众多有自信、重形象、求进步的著名宾馆、餐饮企业追捧，南苑饭店、向阳渔港作为甬城宾馆、餐饮龙头，在第一时间报名参选，众多单位旋即跟进。海选工作室工作人员经仔细审核参选者资格，确定合格参选者后，于6月27日将参选企业名单及选票在《宁波日报》、《东南商报》上予以刊发。

拥有超百万读者群的两报刊发“海选”选票后，热心的读者确实让我们感动，当我们还在疑虑有多少读者会在意这样的海选活动的时候，选票如北国冬日的雪片纷纷飞至“工作室”，给盛夏酷暑中为此项工作忙碌的人们带来一片舒心的清凉。投票截止期过后，“工作室”人员加夜班统计选票，2万余张有效选票给甬城及来甬的人们指明了食、宿、商务洽谈场所的方向。

本次活动旨在引导宾馆、饮食文化，倡导住宿、餐饮文明，打造甬城宾馆、餐饮优秀品牌，为广大消费者提供健康、舒适、满意的消费环境。现在可以这样说，这一目标，我们基本实现了。

甬城宾馆、餐饮业这样直接反映读者心声的“海选”还是第一次，由于种种原因，我们觉得企业报名参选的积极性还未充分发挥出来，而海选又是在自愿报名的基础上进行的，可能有些未报名参选的各方面也较优秀的企业与海选荣誉失之交臂，这是我们感到惋惜的；还有一些想参选的企业像宁波远洲大酒店等由于衔接上的问题，最终未能在参选名单上公布，我们也深感遗憾；时至今日还有一些宾馆、餐饮企业来人来电想参与本次海选活动，我们对此只能表示抱歉，并向支持本次活动的人们致以诚挚的谢意。但像任何新生事物一样，甬城宾馆、餐饮企业的海选活动必将逐渐完善、壮大、成熟，并越来越引起读者、消费者瞩目。

2008年的第二届海选，比今年首届海选将更波澜壮阔，更深入人心，这是无疑的。

注：本文是2007年7月18日宁波市首次以媒体为主导的宾馆、餐饮业海选活动《方向》特刊的主题文章，宾馆、餐饮业反响热烈。数年过去，许多宾馆、餐饮单位至今仍在醒目位置悬挂着本次活动颁发的奖牌。

宁波出了家“六鼎记”

在久久天桥西北侧恒隆中心裙楼，出现了一家广式餐饮店，名叫“六鼎记”，生意红火，老板居然叫“小宝”。

经友人牵线搭桥，笔者与小宝面对面坐在“六鼎记”靠窗位置喝着普洱闲聊时，望着中山路上急匆匆赶路的车流，确有几分惬意的感觉。

谈话是随意的，却觉得有点意思。

营造一种氛围

笔者：怎样想到在宁波开设这样一家纯港粤酒楼？

小宝：我是做外贸生意的，经常来往于香港、广州，他们那里的生活、工作、餐饮方式给我留下了深刻的印象，特别是早上一觉起来，不用急赶急，自然而然到餐饮场所喝早茶、看报、交流，也谈谈生意经，轻松地就把事情搞定了，不是挺好的吗！而宁波的餐饮场所比较单一，节奏也快，不是能在休闲中聊生意的那种，所以我想把广式早茶、午茶概念引进甬城，让大家多一种休闲餐饮的选择。

笔者：宁波过去也有粤菜楼等广式餐饮场所，后来好像并不适宜经营下去，这一点您怎么看？

小宝：任何事情的生存、发展都要有适合的时间、地点，同一地点，时间不同，结果也会不同。早些年，宁波的经济也没有如此发达，大家都为生计奔忙，“急匆匆”是为成功而努力的人士的普遍形象。现在一部分人富起来了，心态也泰然淡定了些，事业到了凭智力从容处理事务的时候，我觉得现阶段在甬城开一家广式餐饮场所是合时宜的。在这里能舒缓紧张的节奏，看看外面的车流。您是否觉得，坐在这里的我们已经跳出来了，这个层次是不一样的。

笔者：国外发达国家有人正摒弃快节奏的生活工作方式，认为慢才是享受生活的一种方式，您是否认为广式餐饮更接近这样的理念？

小宝：快节奏是经济发展必然经历的阶段，但事物发展到一定时候必然有修正。在全国来说，宁波经济发达，工作节奏快，不像广州、成都这样一些城市相对休闲些，但经济发展到一定阶段，会有一部分人需要舒缓的节奏，需要几份报纸、几份杂志、几个朋友、几壶茶、几碟点心的氛围，这个氛围不影响工作、能享受生活、可增进友谊，何乐而不为。

追求一种意义

笔者：我看您“六鼎记”有三、四两层，数千平方米的场所及特色的装饰，投入的费用肯定不少，压力大不大？

小宝：我这里是自己买下来的产业，加装修花了近6000万元，这不觉得有压力。我经过10余年的外贸经营，有了一定实力，已经超越了经济压力这个阶段。说实话，我追求的是一种意义，就是可以做自己想做的事，通过我，给宁波一部分有广式早、午茶需求的人提供一个称心的场所，到这里来的人，说声“好”，我就会觉得十分满足，没有白费精力。

笔者：我认同您的想法，宁波肯定会有您想象的消费群体，但很大一部分宁波人还不知道怎样来消费，如何体验广式早、午茶？

小宝：其实很简单，如您在某天起来，到"六鼎记"坐下，便有服务生请您选择茶位，最低从 18 元每位起，其余吃什么点心随您所需点用，只喝茶也行，喝喝茶、聊聊天、看看报坐上半天，也没人来打扰你，很随意、休闲的一个场所。喝早茶、午茶兴趣浓了，可以邀朋友一起过来分享。

渗入一种文化

笔者：客户群体是否以做生意的朋友、白领为主？

小宝：刚才好像只提到做生意的一部分客户群，其实以过去的说法是"上自帝王将相，下至贩夫走卒"都能在这里找到座位。四楼的包厢群豪华大气，上桌燕翅鲍及各式粤菜绝对正宗，特聘澳门葡京大酒店、香港九龙塘高级会所行政总厨曾志强主理；三层大厅茶点美食丰盛，一派热气腾腾的景象。其实在这里宴请贵宾、客户，家庭小斟、朋友聚会无不十分惬意。

笔者：为什么取名"六鼎记"？

小宝：我对金庸的《鹿鼎记》及《鹿鼎记》里的韦小宝这个人物比较感兴趣，生活、工作都不要太严肃，在轻松、幽默、嘻嘻哈哈中把事情搞定，是一种境界，而且是一种高的境界。很多朋友，较成功的、努力奋斗中的、平实工作的，我常听到他们说太累太累了，我这里能否松垮点、休闲点、慵懒点，多点调侃的氛围，渗入一种"鹿鼎记"的搞笑文化味。当然这方面，"小宝"需要大家来捧场，逐步丰富内涵。

笔者:听您说得挺乐胃的,过几天我带些朋友来体味体味,过后,问他们找没找到您所说的那种感觉?

小宝:欢迎光临。您朋友如没找到那种感觉,我帮他们一起找,咱哥们讲义气,哈哈。

注:本文及下一篇文章,均是应客户要求而作的。客户看了后特别满意,认为题目抢眼,行文贴切,效果很好,赢得了客户后续广告的投放。本文刊发于2007年9月14日。

“六鼎记”为什么这样红

食客如云！再次在“六鼎记”碰到店主小宝，安排一个靠窗的位置似乎有点困难了。小宝一派春风满面的样子，嘻嘻哈哈迎过来：“老朋友，随便坐，随便坐，我就要这样的氛围，客人高兴了我们坐哪里都高兴，是不是。”我有一种期待落空的惆怅：“平时要求不多，就想喝茶聊天时有个临窗的座位。”“那要早订座啊。”坐下后我倒来了兴趣，才开业月余，“六鼎记”为什么这样红？

追求真味

笔者：据我平时留心，饭店最吸引人的是口味，而好的口味要有好的厨师和好的食料配合，二者缺一不可，故我国食界经典《随园食单》有云：大抵一席佳肴，司厨之功居其六，买办之功居其四。你以为如何？

小宝：看来您也是行家，我十分赞同您的话。厨师方面的阵容，“六鼎记”特聘澳门葡京大酒店、香港九龙塘高级会所行政总厨曾志强主理，且60多位粤菜厨师全部来自粤、港、澳，宁波本地只有数名做冷菜厨师(因为粤菜无冷菜习惯，一般只配几小碟开胃菜)。聚集这么多粤、港、澳厨师，目的是为口味正宗。

比如做鱼翅,“打献”是关键,要鱼翅不糊不稀,达到琉璃献状态,才能真正体味到鱼翅的鲜爽本味。我们的鱼翅系列,绝对经得起食客的检验,其他粤菜口味也一概纯正。

笔者:厨师的阵容确实可观,如何保证“买办之功居其四”上乘呢?

小宝:我们采购菜料绝对讲究。如“挂炉招牌烧鹅”这款菜,用料就是广州黑宗鹅,这鹅每隔一天就从广东基地空运一批过来,所以我们的烧鹅具有味香、皮脆、肉厚、汁多的特点。燕翅鲍是从香港专门经营此类货品的老店“良记”进的货。其他如乳猪、鳄鱼,甚至广东菜心、油麦菜、芥蓝,也从广东进货。“六鼎记”每天宰一头鳄鱼,红烧鳄鱼、红焖鳄鱼尾、酱爆鳄鱼什、鲍汁扣鳄鱼掌、鳄鱼炖汤都是鲜活的料。

笔者:每家餐饮店都有自己的绝活,特色菜是绝活的体现,“六鼎记”除纯正的燕翅鲍、烧鹅、鳄鱼系列菜以外,还有其他特色菜吗?

小宝:“六鼎记”最容易记住的特色菜就是:六、鼎、记,为什么这么说呢?我们有三个菜,分别是:六仙会龙皇太子、鼎湖照艳影、记居珊瑚蟹,此三菜头一个字连起来就是“六鼎记”,主要特点是多品素菜与海味搭配,口感十分鲜爽美味。还有“六鼎老火汤”,每天都用不同的配料,一般要炖4小时以上,口感一流。

味好还要座好

笔者:宁波人说“吃着不如坐着”,意思是说“吃得好还要坐的环境舒坦”,我看“六鼎记”整体设计风格用色大胆,爽心悦目,布局合理,用料考究,确实非同一般。

小宝:“六鼎记”的设计、装潢是投入巨资的。我利用生意上与港澳朋友沟通的便利，请香港宏美设计有限公司的巨匠梁玉玲设计，香港最著名的酒家之一"利苑"就是该公司设计的，他们的设计在业界颇有声望。您看，以热烈喜庆的红色与洁净清纯的白色为主色调，显得高雅，舒心悦目；豪华包厢的画饰也颇有情调，透着"鹿鼎记"诙谐韵味；四楼包厢群，靠窗的，采光充裕，满目是景，中央部分特地设计了仿自然的竹林区，使得离窗包厢也仿佛有亲近自然之感，许多客人称赞说：别具创意；备菜间、洗手间、衣帽柜的设计也显得简洁、自然、大气。

笔者：这三、四两层，估计在 4000 平方米左右吧，能同时容纳多少客人就餐？

小宝：我们这里同时可容纳 500 余位客人就餐。四楼为包厢区，有 25 个包厢，大的豪华包厢可坐 18 至 20 位客人，小的坐 6 至 8 位客人，一般是 10 至 12 位客人。因我们追求轻松、休闲氛围，包厢命名多源于金庸的《鹿鼎记》，有皇宫系列的，也有江湖系列的。三楼大堂区也设计不同的座位，以利不同爱好的客人找自己喜欢的座位。有客人说三楼热烈喜庆的色彩，很适宜结婚摆喜宴。这倒是我们没有想到的。

遥望"百年老店"

笔者：餐饮企业有好的口味，好的环境，还有一点也是不可缺的，这就是好的服务，"六鼎记"服务方面有何特色？

小宝：服务讲求规范、讲究细节，这是常谈。另一方面我们讲究轻松、互动，不刻板，渗入"鹿鼎记"的诙谐与自如文化。当然达到这一点需要时间与过程，我们会顺着这一方向走。

笔者：价格也是挺关键的因素。"六鼎记"定位如何？

小宝：我说过，不同经济条件的人应该都可以在这里找到座位，豪华到燕翅鲍，平常至小吃、茶点。宴请贵宾与朋友小酌、家庭聚会消费是不同的。我的消费观点是根据自己的需要来点菜消费，不必攀比，轻松自如。不同的人们，不同的时间，需要不同的消费，太正常了。我对经营纯粤港餐饮店有热情，但这不是我的主业，有次有关人员让我看菜单定价，我了解毛利后，好些菜我都主动将毛利压低了，工作人员不理解，老板还怕利润高吗？我说这个你们不懂，"六鼎记"火起来才有成就感。人们需要这样的场所，不能短期行为。有长远的目光，才有百年老店。

笔者：有长远目光，才有百年老店。听了挺感动，也值得人深思。还有一个问题，现在车多了，这里停车方便吗？

小宝：您考虑得很周全，"六鼎记"可利用车位有 300 余个，停车应该不是问题。

笔者：希望"六鼎记"开成百年老店。

小宝：借您吉言，小宝一定轻松地努力。

注：本文刊发于 2007 年 9 月 28 日。

甬城时尚夜消费地标正在崛起

——舟宿夜江举行专家研讨会

主持人：陈荣军　宁波日报社

嘉　宾：（排名不分主次）

陈国强　宁波市政府副秘书长

陈民宪　宁波市旅游局副局长

周　君　鄞州区长丰管委会主任

周时奋　华茂教育集团总裁、舟宿夜江顾问

闫国庆　浙江万里学院商学院院长

陈永祥　宁波市餐饮与烹饪协会秘书长

王仁祥　宁波爱珂文化发展有限公司、A8 酒吧董事长

陆有勇　宁波友谊传媒投资有限公司董事长、外滩会馆董事长

倪建良　世邦魏理仕杭州分公司（舟宿夜江商业顾问）商业服务部副董事

林长志　南京一九一二投资管理有限公司董事、常务副总经理

朱飞跃　浙江尚海投资发展有限公司（舟宿夜江招商代理机构）董事长

题记:奉化江十八湾,第一湾便弯到了舟宿夜江。日前,舟宿夜江所在的鄞州长丰开发建设管理委员会联合本报,邀请部分专家、学者和业内人士,对区域内舟宿夜江国际时尚休闲街的发展定位召开研讨会。

舟宿夜江作为一个全新的市中心国际时尚休闲街区,濒临奉化江而建,立足于天一商圈和万达商圈之间,具有宽广的商业成长潜力。研讨会上,宁波市政府副秘书长陈国强,宁波市旅游局副局长陈民宪,鄞州区长丰管委会主任周君,华茂教育集团总裁、舟宿夜江顾问周时奋,浙江万里学院商学院院长闫国庆,宁波市餐饮与烹饪协会秘书长陈永祥,宁波爱珂文化发展有限公司、A8酒吧董事长王仁祥,宁波友谊传媒投资有限公司董事长、外滩会馆董事长陆有勇,世邦魏理仕杭州分公司(舟宿夜江商业顾问)商业服务部副董事倪建良,南京一九一二投资管理有限公司董事、常务副总经理林长志,浙江尚海投资发展有限公司(舟宿夜江招商代理机构)董事长朱飞跃各抒己见,提出了卓有远见的看法和观点。会议由宁波日报社陈荣军主持。

与会嘉宾认为,舟宿夜江应是一个定位于时尚化的餐饮、娱乐、休闲区域,它具有优越的地理位置和交通优势,从其建设品位看也颇具国际化档次,因此在招商上应抓准定位,与当前同类型消费区块形成错位,使其成为宁波当前休闲消费,尤其是"夜消费"的时尚地标。

陈荣军:主持人的话

外地人看宁波,直觉是:宁波经济发达,生活富裕,但宁波人步履匆匆,在赚钱中忽视了休闲。宁波人自己说:看杭州、厦门、成都……城市里有一种舒缓休闲的气氛,但我们宁波却几乎没有。而即将闪亮登场的舟宿夜江，将改变这种状况。

依托宁波浓厚的文化底蕴，丰富的物质基础，舟宿夜江的建设正如火如荼，其招商也在有条不紊地展开。如何让一个时尚休闲消费区绽放夜宁波的美丽，是许多有识之士考虑的问题，而舟宿夜江业主——长丰管委会也正通过种种途径广辟言路，集思广益。下面，我们有请各位专家、学者和业内人士对舟宿夜江的发展畅所欲言，献计献策。

陈国强：舟宿夜江是三个“点”

首先是“区域的结点”。舟宿夜江连接了鄞州、江东、海曙三大区域，目前这三区都是宁波的中心城区，因为市里“中提升”战略等各种因素，空间格局的变化也为其提升了新的价值，在得到市政府和鄞州区政府重视后，舟宿夜江将使这个区块从以前的“洼地”变成连接三个区的结点。其次是城市的亮点。舟宿夜江具有得天独厚的优势，它临江而建，直接面临广大消费者，建筑和设计也别具一格，无论是本身的建筑风格还是招商以后引进的商业特色，这里都将成为城市的新亮点、新风景。再次，它将成为城市产业新的增长点。当前，市政府正在大力发展现代服务业，舟宿夜江作为一个综合性业态的产业区，正在定位于时尚、高档消费区，它的发展将成为传统服务业的延伸。

陈民宪：差异化竞争必不可少

舟宿夜江作为城市新兴的、高档的休闲地块，如何与现有的老外滩、正在建设的月湖盛园等形成差异？应该说，目前宁波地区适合此类消费的人群基本保持一定数量，短时间内快速增长很困难。如果后来者与前者的定位大同小异甚至雷同的话，那么必将对今后的经营带来影响，因此，定位——这是舟宿夜江在招商过程中首先要考虑的问题。那么该如何定位呢？理想中的休闲集散地应适合不同人群，让老年人感到很怀旧，让青年人感到很时尚，让外地人感到很宁波，让外国人感到很中国。舟宿夜江在招商甚至建设过程中，应充分考虑定位问题，尤其是突出“夜”字文化，做好“夜”的文章，从夜景、夜食、夜娱、夜购、夜行、夜宿等六个方面着手，让夜晚的消费在这里形成一条产业链；同时在消费定位上，应努力做到“高而不贵”，这样才能吸引客人来重复消费。

周君：奉化江精彩第一湾

长丰取名——“人长地丰”，作为宁波市“中提升”战略的十大功能区块之一，它是唯一以打造高档休闲居住功能为目标的区块，同时兼顾城区商业、旅游功能提升的重任。长丰区块内临江而建的舟宿夜江，是宁波商帮文化的继承发扬之地，蕴含着新商业文化腾飞之“宿”。该项目深受各级政府的重视和社会各界的关注。

目前，舟宿夜江项目建设已接近尾声，项目整体设计由上海复旦规划设计研究院承接，建筑风格充分融合地域、传统与现代、时尚等元素，集餐饮、休闲、娱乐、观光于一体，着力造就奉化江十八湾的“精彩第一湾”。舟宿夜江的招商工作正在紧锣密鼓地进行中，高档次、高品位、高知名度的商家正携手而来，他们的投资意向非常明确，非常看好长丰这块奉化江畔的“宝地”和舟宿夜江这块“福地”的发展潜力和前景。按照计划，舟宿夜江将于2010年全面对外营业。

周时奋："江·水·人·家"的主题

从宋代起，宁波城的江边上形成了两条"黄金岸线"，一条是紧挨城墙的江厦，一条就是从甬江东岸延伸到今天舟宿夜江的所在地，号称"奉化江十八湾"的第一江湾。一千多年来，过往宁波的舟楫都会在这里夜泊，让人想到"月落乌啼霜满天，江枫渔火对愁眠"的古诗意境。在这样的黄金水道边上，今天自然地成为了宁波江景房楼群的集中地，城市高价楼盘的区块。新兴高档社区的集居效应，默默地创造着一种现代生活模式，它是时尚的，也是休闲的，令人想象广州的沙面、青岛的八大关或者上海的新天地。

舟宿夜江项目试图在这一基础上，更创造一种经典的城市休闲，一种以"夜商务"和"城市假日"为特色的新的城市空间，一种被浓缩的"东方威尼斯"的休闲生活。因此舟宿夜江的主题，就是"江·水·人·家"。

闫国庆：再现宁波商业城市辉煌

"无宁不成市"记载着过去宁波人经商的辉煌历史。"走遍天下，不如宁波江厦"则描绘了宁波过去繁华的商业场景。宁波作为长三角南翼经济中心，经济实力在国内大中城市中名列前茅，但其商贸规模和档次在国内外同等城市中却显滞后，这与宁波打造国际化大都市很不相称，与历史上宁波商业的辉煌相对照，更是不如。

舟宿夜江的起航带来宁波城市商业令人欣喜的几大转变：

——城市商业地位由相对滞后，提升到国内城市领先地位；

——国内大型商业街区的经营模式，从传统向现代商业转型；

——城市建设开发与商业网络建设高效结合，不断完善市场化、企业化经营城市的模式。

舟宿夜江作为临江式的休闲商业街，它承载了商业、文化、时尚、休闲、娱乐等内容，必将为宁波市民的生活休闲带来全新的体验。舟宿夜江的诞生将迎来宁波商贸繁荣的新时代。

陈永祥：定位准确将是成功的一半

休闲产业的发展要从宁波的实际经济水平和消费能力出发，循序渐进地发展。因此，研究宁波人的消费层次很重要。此外，引进的企业品牌很重要。作为政府性项目，在招商初期一般会推出一些优惠政策；但小餐饮店被业内称为“开关行业”，其投入成本低，关闭也快，不少小餐饮店业主为了优惠政策而落户，而一旦得到优惠又经营不善时，就关门走人，这将影响整个区块的档次和水准。

王仁祥：配套设施和初期招商政策很重要

作为管委会，如何让“夜市”一炮走红？首先要有配套设施，如停车场、出租车、代驾公司、特色消夜、住宿等。其次，要不断创新，创新才能让时尚性消费区有生命力，10 年前，上海的新天地很红，很多外国人和本地白领都去那里消费，而如今，他们纷纷流向其他消费场所，新天地只因为它的名声而成为外地游客的观光、休闲地，相对来说，它的回头客就少了。舟宿夜江要吸取国内同类城市的经验和教训，在创新中求发展。再次，建议管委会在招商早期提供租金、税收等方面的政策优惠。

陆有勇:重招商有利于持续发展

不少商业地块在推出之时,经常会因为眼前利益而“重销售、轻招商”,也就是说,过于关注地块本身的价值而忽视了今后更为长期的经营,导致楼虽售得好,但统筹规划、长期经营有困难。舟宿夜江恰恰相反。无论从其自身的运作还是今天举行研讨会,都说明其“重招商”,这正是一个商业区块长效、持续发展的基础。

我认为,招商的重点在于环境、业态和人群。所谓环境,正是当前舟宿夜江所营造的高档物业及周边配套;业态相当关键,业态的集聚效应将形成更大的磁场,以吸引更多人流前来消费;此外,人群吸纳和筛选很重要,舟宿夜江除了有吸引人流的能力外,还应具备吸引消费群的能力,这样的商业街区才是成功的。

倪建良:金融危机影响逐渐远去

虽然金融危机的阴霾还未完全消退,但当前宏观经济已有向好趋势,餐饮、娱乐、休闲产业作为终端产业,对整体经济有比较直观的反映。

从全球范围来看,金融危机后,消费者比以前更加谨慎。很多米其林星级餐厅发现,公司聚餐成本大幅削减,很多个人消费者也只是在特别的日子才奢侈一下。

在中国,在政府强有力的四万亿元经济刺激政策拉动下,目前经济已经开始止跌回升。在宁波,由于经济基础牢固,社会消费活跃,10月份社会消费品零售总额同比增长19.7%,超过了

2008年19.6%的年平均增幅，并高于全国平均水平3.5个百分点；餐饮企业营业额10月份同比增长2.69%，今年以来首次转正，石浦饭店等企业单店营业额都有微幅增长，显示商务宴请的消费市场回升态势明显。舟宿夜江占据如此有利的地理优势，加上政府的大力支持，伴随着经济的回暖，应该可以一扫金融危机的阴霾，成为宁波的餐饮、娱乐、休闲新地标。

林长志：高端地标型时尚街区

商业地产策划和挑选景观植物的道理是共通的，城市、区位、商圈、地块对于项目的意义，就如同温度、湿度、土壤、光照对于植物一样。每一个地产项目都是独一无二的，策划的核心任务就是要针对所有这些独特的条件，经过专业细致的研究判断，制定出合适的项目定位。

我们对于舟宿夜江项目的定位是"宁波市高端餐饮、娱乐、休闲地标型时尚文化街区"，这样的定位主要源于以下几个方面的考量：首先，宁波市拥有足够数量的中高端消费群体。其次，项目所在区位优越，尤其适合餐饮、娱乐、休闲等目的型商家的经营。再次，长丰滨江休闲新区后发优势明显，对项目本身的推动作用较强。最后，舟宿夜江项目沿奉化江而建，建筑设计本身兼顾了功能性和美观性的要求，视野开阔。

朱飞跃：江景、夜色、人气的有机统一

舟宿夜江要成为甬城夜生活的新高地，今后的经营管理是街区兴旺与否的关键，因为我们要追求"江景"、"夜色"、"人气"的有机统一。大自然造就了秀美的奉化江第一湾，设计师已将

江南传统的巷院、合院、上下院巧妙地放置于她的旁边。而夜色，不仅是一个时光概念和景色描述，更是一个夜消费、夜休闲的业态。当然，让一个街区熠熠生辉的必定是旺盛的人气。管理者、经营者、消费者的和谐相处，才是街区繁荣兴盛的灵魂所在。因此，我们需要探索新型的街区管理模式：设立政府综合服务中心，营造引商、助商、富商的氛围，吸引国内外的知名品牌入驻，聘请专业的服务团队，在良好的硬件设施基础上，以便民、利民、亲民为出发点，推出一系列有特色的人性化的服务措施，使舟宿夜江成为本地成功人士常去、外地游客想去的甬城时尚夜消费地标。

注：本次研讨会于 2009 年 11 月 30 日举行，“话题”市民与经营者反响热烈，并引起相关领导的重视。项目开发单位根据我们的建议，后续以一个个专家和经营者谈“舟宿夜江”各方面优势的形式，又投放了大量宣传版面，短时间内形成该区块招商热岛效应，效果显著，是客户与媒体双赢的“话题广告”经典模式。

政企携手　共促农村家电消费更放心更舒心

——“美的空调”杯家电下乡研讨会精彩发言摘登

主 持 人：陈荣军　宁波日报社

特邀嘉宾：陈长新　市贸易局营销管理处处长

张宇平　市家电下乡工作领导小组办公室宣传组组长

谢友才　宁波大学商学院博士、硕士生导师

谈文玉　宁波美的制冷产品销售有限公司总经理

朱宗能　宁海县发烧友家电有限公司总经理

朱如君　慈城百货大楼总经理

卢高峰　慈城妙山村书记

陈荣军：主持人的话

自3月26日家电下乡工程在我市正式启动以来，宁波农村市场的家电消费持续升温。宁波家电下乡工程实施情况如何？宁波农民的家电消费有哪些特点？家电生产销售企业服务农民消费有什么创新举措？家电下乡过程中还存在哪些问题？怎样让农民的家电消费更放心、更舒心？政府、家电企业、广大农民关心的这些话题，是我市推进家电下乡过程中的热点问题。发挥舆论引导作用，促进解决政府中心工作中的难点问题，是媒体义不容辞的责任。为此，本报主办家电下乡研讨会，邀请政府、学界、企业界和消费者代表，共商推进家电下乡、拉动农村消费的大计。

现状：下乡家电销售占全省四分之一

陈长新：家电下乡政策是继我国对农民的生产性补贴之后出台的首个消费性补贴政策。扩大内需，潜力在广阔的农村市场。家电下乡这个创新政策将对我国、我市拉动农村消费市场、扩大内需发挥重要作用。家电下乡对我市应对金融危机、带动工业增长也具有重要作用。当前，以外向型为重要特征的我市工业经济外部市场受阻，出口面临较大困难，而家电下乡工程的适时启动恰恰是家电类企业消化产能、保持平稳较快增长的“及时雨”。今年以来，我市家电中标企业纷纷招员工、扩生产、找网点，忙得连轴转，国内销售量大幅增长。3 月份，慈溪中标家电下乡产品的企业产值达 5 亿元，比上月增长 70%，产品销售范围达全国 19 个省。飞龙集团 1 月至 3 月国内市场订单同比增长了 90%，全年预计内销市场的销售量比去年翻一番；新乐洗衣机国内订单最多一天突破 8000 台；宁波吉德电器今年 1 月至 4 月内销家电 16 万台，比去年同期增长 78%，预计全年比去年增长 50%。

家电下乡政策还将引导企业建立现代流通体系，改善农村消费环境。这对于重塑农村商业格局、启动农村消费市场更具革命性的意义与价值。我们希望借助家电下乡工程及“万村千乡市场工程”、乡镇商贸网点建设工程等契机，通过二、三产业联动开拓农村市场，加快农村现代流通体系的形成。

谈文玉：家电下乡是服务民生、拉动内需、促进企业转型、规范流通市场的一项好政策，我们美的空调对此是非常欢迎与拥护的。特别是去年下半年以来，金融危机给家电企业的正常发展带来了很多困难，家电下乡政策的全面推广与实施让我们看到了曙光，更坚定了我们"危"中找"机"、克服困难、加快发展的决心和信心。

张宇平：宁波市家电下乡自 2009 年 3 月 26 日在全省率先启动以来，工作进展顺利，拉动消费初见成效。产品销售量由启动初期的日均销量仅 70 台左右，增至目前的日均销量超过 400 台，"五一"小黄金周期间每天销售突破 500 台。

截至 5 月 18 日，全市六大类下乡家电产品销售量达 12949 台，销售额达 2347.9 万元，均占全省的四分之一左右，稳居全省各市首位，销售情况好于预期。冰箱、彩电、洗衣机是最受农民喜欢的三类下乡家电产品，销售量一直占总数的九成以上。从各县(市)区情况看，鄞州、宁海的下乡家电销售居全市前两位。

目前，承担宁波市家电下乡工作的中标销售企业共有 39 家，其中宁波本地企业 7 家。全市已发展家电下乡销售网点 525 个，覆盖 140 个乡镇街道。不论是偏僻的海岛，还是遥远的山区，我市农民均可在家门口购买到家电下乡产品。

经验：创新服务打开农村大市场

张宇平：政府部门高度重视、密切配合，家电企业积极参与、创新服务，是我市家电下乡工作取得阶段性成效并走在全省前列的重要原因。各级政府第一时间成立了家电下乡工作机构，制订工作方案，明确工作职责。贸易、财政、工商等部门密切配合，广泛发动企业，多次宣传政策，加强市场监管，为家电下乡工程的顺利开展营造了良好的环境和氛围。

广大家电企业不等不靠，积极参与家电下乡竞标，设计开发适合农村需求的产品，完善售后服务体系，赢得了农村消费者的认可。截至目前，我市还未发生一起涉及家电下乡销售网点的投诉，这在国内各省市中是非常罕见的。

谈文玉：我们美的空调非常看好家电下乡政策带来的市场商机，很早就开始了相应的准备工作。在产品开发上，中标产品全部针对农村市场量身定做，所有的下乡空调都使用质量最好的东芝压缩机，空调室外机采用五重防锈工艺，全部投标产品在165伏—253伏宽电压范围内正常启动和运行，外包装增加塑料保护罩设计，内包装加强抗踩踏设计，更适应农村道路的运输条件。在这次空调产品的招标中，我们美的空调共有30个型号中标，是中标型号最多的企业之一。另外，美的旗下另一品牌华凌也成功突围，21个空调投标型号全部中标。在前段时间有关部门组织的联合检查中，美的下乡空调产品所有指标全部合格。在下乡空调销售中，我们美的空调为了调动经销商的积极性，创新了营销策略，确保下乡产品有利可赚。如中标的空调产品普遍利润微薄，我们就补贴经销商3个点的税收，减轻经销商的销售负担。在宣传上，我们重新赶制了推广家电下乡产品的促销电视片。在零售终端环节，我们美的空调所有的销售网点都精心布置，宣传家电下乡政策，营造下乡空调良好的销售氛围。在售后服务上，目前已在全市建立了168个售后服务网点，并推出产品6年包修、24小时上门安装服务的新举措。

特别值得一提的是，针对当前家电下乡补贴申领手续有些复杂、农村消费者办理不太方便的情况，我们所有的家电下乡销售网点都推出了代办补贴申领手续的服务，由经销商“跑腿”，为农民兄弟代办一系列的补贴申领手续。为了保证服务质量，我们美的空调还出台奖励措施,经销商为农民代办一次补贴申领手续,我们就奖励经销商 20 元。从目前的实施情况看,这个服务举措得到了农村消费者的好评。

朱宗能:原先担心家电下乡产品利润低、手续烦琐,我们不太愿意经销。后来在贸易部门的宣传发动下,加上厂家和我们的共同努力,下乡家电产品的销售优势逐渐体现出来了。特别是下乡家电产品质量过硬,价格又很便宜。如美的有一款下乡空调产品,能效达到三级,补贴后只卖 2100 多元,比市场上五级能效的空调还要便宜。目前,我们已经销售各类下乡家电产品 800 台,销售额达 100 多万元,是宁海销售家电下乡产品的龙头企业。

我们在销售下乡家电上面也动了不少脑筋,取得了不错的效果。为了让广大农民了解家电下乡的好政策,我们在宁海各地投放了 300 多面墙体广告,几乎每个村庄都有。我们还和电影下乡形式相结合,在下乡电影的片头插播我们家电下乡的宣传广告。一些农民对下乡家电产品有顾虑,我们就推出了 10 天的试用期。农民在 10 天内如果用得不满意,可以来更换家电。一些农民嫌申领补贴要跑来跑去太麻烦,我们不仅帮农民代办相关手续,有时还先垫付补贴给农民,让农民得到了实惠。

问题:补贴需简化 档次待提高

朱宗能:从下乡家电产品 50 多天的销售情况看,我感觉补贴程序有待进一步简化是当前家电下乡工程需要解决的重要问题。少数农民反映补贴发放时间太长、申领补贴程序繁琐,要求简化补贴手续。

来我店咨询家电下乡情况的外省籍务工人员很多,但受政策限制，这部分农民在宁波购买家电下乡产品不能享受政策补贴，因此放弃了购买，潜在的消费需求不能有效释放。此外，宁波农民收入水平相对较高，而下乡家电产品均为中低端的实惠型产品，有的农民觉得下乡家电档次不高而不愿购买。

卢高峰：一些农民对下乡家电产品有顾虑。在我们村，就有一些农民说，下乡家电质量又好，价钱又便宜，哪里有这样的好事？他们担心，下乡家电可能是卖不掉的库存货，质量不过关。还有，许多农民习惯了买东西时讨价还价，但下乡家电产品往往是一口价，按最高限价来卖，这让农民觉得不太适应。

朱如君：家电下乡给我们这样的农村市场经销商带来了发展的商机。目前，我们销售的基本上都是家电下乡产品。但我们也发现，有一些不规范的农村家电销售网点扰乱家电市场。它们不是家电下乡的指定销售网点，有的甚至连开正规发票的条件都不具备，但却打着家电下乡的旗号，开展相应的促销宣传。这种行为损害了农村消费者的利益，也损害了正规的家电下乡销售网点的利益。

对策：更明白消费 更实在服务

陈长新：充分利用好家电下乡这项利国惠民的政策，扩大全市的家电消费，这是贸易部门的重要职责。我们准备利用6月份"消博会"这个经贸盛会的平台，掀起一场家电消费的高潮。具体活动包括，举办一场中国（宁波）家电下乡高峰论坛；举行宁波市家电下乡产品大展示，汇集全市所有的中标家电下乡产品；开展家电下乡产品大展卖，吸引国内各家电下乡品牌设摊展销。

深入推进家电下乡工程，为农民的家电消费营造一个放心舒心的市场环境，也是我们下一步的工作重点。家电下乡政策性强，政策更新也快，为此，我们要通过各种形式加强政策的宣传，随时跟踪政策的新变化，增强政策的透明度，让广大农民明明白白购买下乡家电。我们还要加强家电下乡指定网点及其人员的业务培训，确保他们熟练掌握各项政策和操作程序。

贸易、财政、工商等部门还将根据各自职责加强检查，维护良好的市场秩序。对各种不规范的家电下乡销售行为，特别是冒充家电下乡指定网点的行为，发现一起，查处一起。我们还将利用12315、12312、消保委等投诉受理平台，处理好家电下乡的消费投诉，维护农村消费者的合法权益。

张宇平：国家日前出台了简化家电下乡补贴程序的实施细则，目前正在16个省市试点。该细则在全国推广后，我市农民申领补贴的手续肯定会简化，拿到补贴的时间肯定会缩短。

谢友才：农民得实惠、企业得市场、政府得民心，这是家电下乡的根本目的。只有农民得到了实惠、企业得到了市场，政府才能真正得民心。为此，政府要进一步研究农民的消费需求，了解企业的市场需求，通过政策之手来让农民得到更多的实惠，同时也要让企业得到更多的市场，化危为机，这样的市场消费才是长期的、可持续的。当前，政府应开展针对性的调查，比如农民购买下乡家电产品中有多少是受政策推动的、有多少是固有的消费需求的释放。企业也应加强对农民消费需求的研究，设计更多符合农村市场特点和消费习惯的产品。

卢高峰：家电要下乡，打消农民的顾虑，让农民了解下乡家电的好处很重要。建议有关部门、企业加大对下乡家电质量的宣传，特别是可以和村委会等农民比较信赖的基层组织合作开展宣传。同时，也要提醒农民如何识别真正的下乡家电，避免上当受骗。

谈文玉：推进家电下乡，能否满足农民的消费需求，让农民买得放心、用得舒心是关键。当前,补贴申领手续烦琐是困扰家电下乡的一个重要问题。建议政府部门进一步简化办事流程,让农民少跑几趟,尽快拿到补贴。我们美的空调肯定会极力配合政府简化补贴手续的新举措,争取让农民当场拿到补贴。

宁波农民的家电消费水平相对较高,目前的不少下乡家电难以适应他们的消费层次。建议进一步扩大家电下乡产品的范围,拉开档次,满足农民多元化的家电消费需求。比如,可以进一步提高下乡家电的限价标准,把变频空调产品也列入招标范围,满足部分农民家电更新换代的消费需求,这也符合国家节能减排的政策导向。

售后服务也是农村消费者非常关心的问题。美的一直非常重视农村市场的开发和建设,不仅完全能够满足美的品牌自身消费者的优质售后服务要求,还可以为其他下乡空调产品提供售后服务。如果农村消费者购买非美的空调,但该品牌售后服务不到位、消费者不满意的,美的愿意免费为这些空调进行售后服务。

注:本次研讨会于2009年5月21日举行,“话题”是抓住时政动向,联合相关企业迅速作出广告策划反应的经典行动。当时为抵御发端于美国的金融危机,政府决策拉动内需,其中一项措施就是推行“家电下乡”。我们以政策为导向,联合家电龙头企业“美的”,并与负责指导家电下乡的具体职能部门沟通联络好,举办研讨会。研讨会既宣传了国家政策,又具体推进了家电下乡涉及单位的工作。研讨会内容在《宁波日报》刊发并上网后,“美的”总部认为宁波的宣传形式好,要求全国借鉴并推广宁波宣传模式。“美的”宁波公司老总很高兴,认为日报广告有创意,由此形成与《宁波日报》的长期合作关系。

文明驾车　一路平安

——“安全行车研讨会”纪要

主持人：陈荣军　宁波日报社

嘉　宾：陆明光　宁波市公安局交警支队宣传处

钟敏鸣　宁波市公路运输管理处副处长

杜　才　宁波市保险行业协会秘书长

张晓雅　宁波宝恒汽车销售服务有限公司总经理

马坚挺　宁波天天汽车贸易有限公司总经理

林　啸　宁波捷通汽车销售服务有限公司总经理

华庆高　宁波市海曙博纳汽车销售服务有限公司总经理

蒉剑波　一汽丰田浙江协力会会长

汪　军　宁波腾峰汽车销售服务有限公司总经理

周云飞　宁波荣鑫汽车销售服务有限公司副总经理

潘巧芸　宁波元瑞汽车有限公司副总经理

钟　鸣　宁波中基东本汽车销售服务有限公司总经理助理

邵海波　宁波金桥汽车销售服务公司销售部经理

王一峰　中国太平洋财产保险股份有限公司宁波分公司客服部总经理

林　岗　天安保险股份有限公司宁波分公司总经理

莫亦军　长安责任保险股份有限公司宁波中心支公司总经理

刘立峰　中国大地财产保险股份有限公司宁波分公司客服部专务

葛选东　华安财产保险股份有限公司宁波分公司综合管理部经理

题记:汽车进入寻常百姓家,人们的生活方式在悄然改变,距离已不再是人们出行的“包袱”。快节奏的都市生活,因为有了汽车,演绎得更为精彩。

然而,人们在享受汽车带来种种便利的同时,也面临着越来越多的挑战。其中之一就是安全,交通安全问题,已严峻地摆在众人的面前。

为了倡导安全驾车、文明驾车,在全社会营造安全文明的交通氛围,9月18日下午,本报特别邀请了宁波市公安局交警支队、宁波市公路运输管理处、宁波市保险行业协会以及车界、保险公司的有关负责人及代表,举行了一场“安全行车研讨会”,并发出“安全行车倡议”,以期使安全行车、文明行车意识进一步深入人心,推进我市和谐交通的进一步形成。

主持人的话

在十一长假来临之前,我们认为举行“安全行车研讨会”并发出“安全行车倡议”是非常必要和十分及时的,理由如下:其一,金融危机给不少行业带来负面影响,似乎车市反而更加红火,上牌车辆激增,新手激增,给行车安全带来了新的挑战;其二,史上最长黄金周的到来,使人们驾车远足有了时间保障,极大地挑起了人们自驾游的欲望，阶段性行车安全压力大增；其三，借近期全国开展“严禁酒后驾车”行动的东风，倡导安全行车、文明行车的风尚，效果会更好；其四，由相关职能部门、协会、媒体及车界、保险公司一起来倡议、研讨安全行车，聚众人之力，尽到社会责任，效果会更显著。

现状：交通安全形势依然严峻

近几年，随着宁波经济的发展，汽车保有量飞速增长。来自我市交警部门的统计显示，目前我市机动车的保有量已经达到133.2万辆，私家车41万辆，而且每月还以9000辆左右的速度递增，给交通管理工作带来了巨大的挑战。

陆明光：上世纪80年代以前，汽车的发展非常的缓慢，马路上只有很少的小车。对于普通百姓来说，汽车是一个遥不可及的梦。进入上世纪90年代以来，汽车产业发展迅速，私家车日渐走进普通百姓家。车辆在增加，道路变拥挤，交通事故也层出不穷。今年1月至8月，全市共发生道路交通事故13611起，死亡427人，受伤2552人，交通安全状况依然不容乐观。

杜　才：如今，在宁波马路上开车，给我的最大感受是车辆多，有些路段拥堵现象比较严重，而随之发生的交通事故也是屡见不鲜，这方面可以从保险行业协会的相关统计数据显示出来。据统计，上半年宁波财产保险亏损1个亿，其中宁波的交强险赔付率非常高，这一现象已经引起了中国保监会的重视。

潘巧芸：晚上回到居住小区，停车难；平日去单位或者办事，停车也难；周末去商场购物或者去外面就餐，停车更难。目前在宁波，停车难已经成为不容忽视的问题。

莫亦军：目前，宁波的道路设施建设速度恐怕还跟不上车辆保有量发展的速度。特别是在每天上下班高峰期，市区道路车满为患，交通主干道拥挤不堪，如果碰到下雨天、雾天就更加难以行进，一些追尾事故也比较容易发生。

林　岗：目前在宁波有大量的外来务工人员，他们的交通意识比较淡薄，经常发现他们骑着电动车或者自行车载人甚至载很重的货物，给交通安全带来隐患。

刘立峰：我从1998年就开始做车险理赔工作了，还记得刚开始做时一天就接10个案子，而现在市区一家财产保险公司一天就要接100多个案子。目前，在我们公司接到的100张保单中，1年里就有50多辆车因发生交通事故而出险。

葛选东：最近几年，在宁波的街头巷尾，随处可见招摇而过的新车，而且，有些新车的驾驶者是刚拿到驾照的新手。这些新手由于缺乏驾驶经验，"真车实战"地出行，难免会产生紧张情绪，在驾车过程中容易状况百出。

分析：不良驾驶习惯成隐患首因

据宁波交警部门统计，超速行驶、不按规定会车、疲劳驾驶、酒后驾驶等行为最容易引发交通事故。因此，能否安全文明行车，与每个驾驶者的驾驶习惯息息相关。即使是一些驾龄很长的司机，也存在很多不良的驾驶习惯。如果不尽早告别这些恶习，将为交通事故的发生埋下隐患。

陆明光：前段时间，全国各地发生了多起因酒后驾驶、超速行驶而引发的恶性交通事故，特别是杭州的胡斌案和爱心斑马线醉酒驾驶撞人案，令人触目惊心，在社会上引起了很大的反响。

林　啸：前些天，我去了一趟日本，发觉当地一些城市的驾驶者和行人安全意识比较强，很遵守交通规则。而反观我们宁波，平日里开车时经常会碰到电动车“飞驰而过”，有些行人过马路甚至不走斑马线，在马路上随便乱穿。我想这与他们的交通意识比较淡薄密切相关。

蒉剑波：刚刚从驾校出来的一些新手，一开始开车还比较谨慎，不过等开了一段时间后，就会发现他们把一些从驾校学来的安全行车知识抛到脑后，各种各样的违规行为屡屡发生。因此，我认为每个驾驶者都应该把安全驾车的技巧铭记于心，不断提醒自己，永远把自己当成一个新手。

汪　军：有时候在夜间开车，发现迎面而来的车辆经常开着远光灯，刺眼的灯光让人睁不开眼，很容易发生意外。其实，夜间在荒野郊外或没有路灯照明的路上适合使用远光灯，但会车时应换回近光灯，以免造成对方驾驶员眩目。夜间在市区行车时，并不需要远光灯来照明，因为市区道路基本都有路灯照明，且市区道路车流量大，开远光灯容易带来交通事故。

华庆高：现在宁波的一些出租车驾驶员在开车时，不仅车速跟“鱼溜”似的飞快，而且经常“见缝插针”，随意变更车道，违规超车，违规停车等，为车祸埋下了伏笔。

邵海波：无论是一些新手还是老手，在路上开车，经常会发现他们不系安全带，过红绿灯路口时抢黄灯，而且边开车边打手机甚至边发短信的现象也非常普遍，这样的行为很容易发生交通事故，不得不让人为之捏把汗。

对策：需要社会各方共同努力

要改掉不良驾驶习惯，在全社会营造安全文明行车的好氛围，需要社会各方的一致努力。令人欣慰的是，宁波的一些管理部门、媒体、企业已经在这方面展开行动。

钟敏鸣:道路运输作为基础性、服务性行业,直接关系到人民群众的生命财产安全,对此,市公管处主要从四个方面抓落实:一是落实企业的安全主体责任,使安全生产工作日常化、规范化、标准化,提高企业自身的安全管理水平;二是加强司乘人员的安全教育管理;三是严把营运车辆技术状况关,目前我们在客运班车、旅游车辆中推广全承载车辆、GPS等科学设施;四是通过加强安全检查等方式,排查消除安全生产隐患,建立企业为主的日常自查、行业管理部门上门抽查的安全隐患排查长效机制。

张晓雅:作为高端品牌的经销商,我们绝对不支持责任缺失的行为,宝马的品牌价值是悦己悦人。确保行车安全要从驾驶者的交通安全教育入手,交通安全知识的学习刻不容缓。我们于去年9月针对小朋友开展了宝马儿童交通安全训练营活动,让他们从小就形成安全文明行车的意识。我们计划在以后的汽车使用培训中把交通安全知识的内容融合进去,时刻提醒车主遵守交通法规,安全文明行车。

马坚挺:以前,我们在给新车主培训时,更多的是传授有关车辆保养及使用方面的知识,而现在我们的培训内容会更侧重于一些安全行车、发生事故后怎样保险理赔等方面的技巧 。此外,我们把一些驾驶者因酒后驾车、超车等发生的事故现场照片,放置在客户休息区里,给客户以警示。

钟　鸣:“十一”长假即将到来,很多车主会考虑出游。这期间,我们会给车主发一些温馨短信提示,提醒他们出游前对汽车进行安全检测,特别是轮胎;检查随车工具是否齐全,同时准备一些防晕药品;注意行车安全,了解一些基本的突发状况应对措施等。

王一峰：面对当前的交通压力，我认为可以采取三方面措施：一是政府部门加大基础设施建设的投入，发展公共交通、轨道交通；二是针对目前上下班高峰期车辆的拥堵现象，建议政府管理部门是否可以错开上下班时间，避免人流集中；三是从学龄前就开始加强道路交通安全教育。

周云飞：我认为这次由《宁波日报》组织的研讨会非常有意义，也是一个很好的宣传平台。希望通过职能管理部门、媒体、企业等方面的共同努力，一起推进全社会对于安全文明行车的重视。

结语：安全行车、文明行车是一个永恒的话题。在全社会营造安全文明的交通氛围，需要社会各方的努力。比如政府要加大基础设施投入，确保道路的畅通；交警等相关职能部门要加大执法力度，严惩交通违法行为；媒体要加大安全行车的宣传力度，倡导良好的驾驶习惯；企业要增强社会责任感，为交通安全作出贡献；对于每个交通参与者来说，要从自我做起，从细节抓起，逐渐养成良好的安全文明驾驶习惯。我们这次的研讨会只是一个开始，希望通过不断努力，在全社会形成安全文明行车的好风气。

注：本次研讨会于 2009 年 9 月 24 日举行，此“话题”是抓住时间节点与社会关切点、热点，整合相关资源而进行的广告策划活动，取得了社会效益与经济效益双丰收。

下应北路崛起：景观新车街

——本报“车·街发展趋势研讨会”纪要

主持人：陈荣军　宁波日报社

嘉　宾：霍庆功　宁波中基汽车销售服务有限公司常务副总经理

龚　晨　宁波丰颐汽车销售有限公司副总经理

高　军　宁波宝恒汽车销售服务有限公司总经理助理

许为明　明日企业总裁、宁波凯达汽车销售服务有限公司总经理

张仁刚　宁波明日汽车销售服务有限公司总经理

林　啸　宁波捷通汽车销售服务有限公司总经理

姜　挺　宁波江宁汽车销售服务有限公司总经理

陈　山　宁波轿辰丰田汽车销售服务有限公司总经理

姚焕新　宁波工程学院交通学院副教授

卢晓峰　宁波工商局12315举报申诉指挥中心

导言：9月11日，本报《车视野》邀请了“下应北路景观新车街”9家汽车4S店总经理及专家、消费者代表，举行了题为“车·街发展趋势研讨会”，就下应北路汽车街的优势、现状、发

展进行了探讨。研讨会现场气氛热烈，内容务实。与会者纷纷表示：宁波日报《车视野》不仅给了我们切磋探讨的机会，也给车街在未来的经营如何求同存异、共谋发展、共享资源提供了交流平台。

主持人的话：打造品牌新车街

陈荣军：产品讲品牌，店家讲品牌，街的品牌也不容忽视。北京的王府井、上海的南京路、宁波的中山路，城里或外来的人们购物或逛街就会往那里跑。

买衣服、化妆品往哪里去，购家具、家装材料往哪里走，要一款靓车奔哪里，人们购物首先想到的是哪一条街（街区、购物城、购物广场），来到街上后，再选择进哪几家店，最后才选定品牌。

前些日子，去了下应北路汽车一条街，感觉很不错，气派、整齐、规范的4S店一溜排开，各式靓车静待其中，服务导购井然有序，心想这购车环境确实不错，就像我市一个亮丽的景点，我跟几位同事说，这里可称为：景观新车街。

我们认为一条好的车街，不但硬件要好，各个服务要素也要配套、优化，在此基础上，还需要传播来推动，而且这条车街形成不久，还有许多待完善的空间。今天下应北路车界老总及有关专家、消费者代表齐聚一堂，来共同探讨如何使下应北路汽车一条街更加完善，而且名声更加响亮，我觉得是很有意义的事。

购车去哪里？若人们首先想起的是下应北路景观新车街，那么这条街就初具品牌价值了。打造品牌车街，这是我们这次研讨会的目的所在。但愿通过这次研讨会，对下应北路景观新车街的品牌形成有所助力。

齐心协力　共享资源

许为明：下应北路虽然是新兴的汽车一条街，但是各种品牌云集，无论从各家自身企业形象，还是周边环境来看，在目前的宁波都是独一无二的。我进入车圈不久，今天能和同一条街上的兄弟单位代表们坐在一起，是一次难得的学习机会。进一步打造下应北路汽车一条街，不是一家企业努力就可以了，而应该是集众家之力，才能共赢。

陈　山：今年的车市相比往年略有不同，销售一直不温不火，可以说这也是一些经销商共同的困惑。今天，我们下应北路汽车一条街的所有经销商负责人都坐在了一起，我想建议我们结成团队，分工协作，这样会避免一些资源的重复付出，减少 4S 店的运营成本，并通过产品的差异化互补和服务特色吸引消费者。我们销售的产品互不冲突，但是我们的服务水平可以共同提高。

姚焕新：我作为消费者首先对汽车一条街的形成表示赞同，因为车街的形成对消费者最为直观的就是选车方便。从我从事的职业来说，在参加这次研讨会后，我会建议我的学生"到下应北路去看看"。以前，学生在进入实习阶段后都会为寻找实习单位而四处奔波，有的学生在一天内跑遍全市的东南西北，但还是失望地回来了。车街的形成，给学生和商家之间提供了方便的接触机会。换句话说，车街内的经销商也会优先有机会留住更多的优秀人才，为企业的可持续发展奠定更为坚实的基础。

龚　晨：在车街平台上，我们可以经常搞一些聚会，下应汽车一条街上有些 4S 店的管理层及员工相互之间并不认识，但是通过聚会相互可以交流取经。众所周知，很多汽车品牌之间有一个共性,不仅市场品质可以一起分享,客户资源也可以共享。如果有客户本来想买我店的车子,但是他又想和一条街上其他高端品牌做一些比较,无论他最终选择了哪个品牌,我觉得他都是我们共同的客户。上次,宁波宝恒汽车举行活动,客户在欣赏宝马的同时,一看边上就是沃尔沃4S店,觉得很惊喜,顺道也会过去看一下。如果我们公司也举办类似的活动,同样会带动周边店的客流量。

政策扶持　完善配套

霍庆功:下应北路汽车街的形成,和当初政府的政策引导是密不可分的,现在也已初成规模。但是我最近发现,下应北路的道路现状在一定程度上制约了车街进一步发展,并存在一定的安全隐患。一是道路上没有专用的非机动车道,而是和人行道并用的,在上下班高峰的时候,非机动车几乎都占用了机动车道。二是随着下应北路汽车街的形成,几乎天天有运送整车的板车停在4S店门口,影响了道路的畅通。所以我建议相关部门能及时调整道路布局,如设立专用的板车泊车点。

张仁刚:每一家经销商随时都会有各种促销活动,这些促销活动中有一部分需要架设气拱门、悬挂横幅等方式以营造气氛。但是我们常常会被一些执法部门要求撤销、搬离。我想相关部门能否因地制宜出台相关规定,在不影响市容市貌和交通安全的前提下,给经销商以更大的宣传空间。

姜　挺:在这条街上有高端品牌也有经济型轿车。选购高端品牌的或许已经是第二次购车,但是购买那些经济型轿车的大多数是首次购车,目前经过下应北路的公交线路相对缺少。其实从周边的居住环境看,已经有泗港小区和紫郡小区,还有鄞州投资创业中心内的就业者，合理地增加公共交通线路，我想不仅会带动下应北路汽车街的消费，也会给附近的居民和职工出行带来方便。

打造人文新车街

林 啸：下应北路有其特有的人文气息，近日我发现在刚刚贯通的甬新河上已经有市民在垂钓，如果我们利用这个资源并进一步延伸，如在沿岸进行烧烤聚会，这样就会将下应北路汽车街通过另一种方式向消费者进行展示，营造一种新的消费氛围，吸引消费者的“回头率”，促进经销商的“再购率”。

姜 挺：入驻下应北路汽车街的各个品牌各有消费群体，我想我们可以联手不定期地举行类似沙龙的活动，增强人文气息，促进集客量。如作为我们自主品牌的江淮宾悦可以结合中国传统文化，进行茶道表演和品茶活动。像宝马、沃尔沃、奥迪等高端品牌可以举办冷餐会等活动。这样可以让消费者停下脚步，加深品牌印象。

霍庆功：下应北路汽车一条街从环境和硬件上来说，已经表现出宁波汽车消费环境的提升。举个例子说，现在消费者到展厅内，有独立的 VIP 休息区，提供航空式服务等。这在前几年仅仅出现在一些高端品牌中。我建议下应北路汽车一条街的外围能否做一些调整，如添加具有汽车特征的汽车零部件雕塑、植物景观等，营造更为明显的车街特征。

建设社区型车街

高 军：宁波宝恒汽车进驻下应北路可以排名前三位内，那时我陪投资方代表到实地查看，从洽谈到最后的签约，那里可谓是一片荒芜。但是后来，一家家经销商相继进入，我们的员工笑称：我们有邻居了！

刚才听兄弟单位代表的发言，我突然冒出一个念头：既然下应北路汽车街起点高于先前在宁波其他区域的车街，那么我们能否在车街中营造一种社区般的氛围？和我们隔岸相望的有几个在建和已建楼盘，每一次前去参观都有一种赏心悦目的感觉：四季不同的植物，风格迥异的亭台楼阁，潺潺流水，群群飞鸟，邻里间和睦相处。刚才各位总经理的发言中，“资源共享，求同存异”多次被提到，那么我们能否将眼光再放远点，共享周边环境给我们带来的区域优势，将车街升级为汽车社区，不仅有景观，还有社区般的人性关怀和人文气息。

卢晓峰：我的工作是帮消费者维权，同时自己也是一个消费者。从职业的身份来说，我比较关注今年1至8月份汽车行业231起投诉，虽然绝对值不高，但是与去年同期相比，增长幅度为46%，这是相当惊人的，这中间不乏因为信息不对称而造成的消费纠纷，所以我也借这个机会，希望下应北路汽车街所在的经销商能和消费者进行更为密切的沟通。从消费者的角度来说，我对社区型车街概念的提出感到新鲜。我们都知道社区的概念是什么？是一个大家庭。虽然居住在社区内的人群文化、职业背景各有不同，年龄也有差异。但是进入社区就是家的回归，是家构成了大社区。那么，来车街的消费者虽各有所好，但是他们的共同点是：车！或者选车，或者购车，或者修车，还有汽车爱好者前来赏车。现在的买卖双方已经不再是简单的买方和卖方的关系了，在诚信经营被认同为企业经营宗旨的同时，应注入更多的人性关怀。所以我想在车街内除导入相关的配套服务，如设立上牌点、检测点，甚至是纳税代理点外，还可以添加一些社区元素，如在节假日开通定点定时的接送班车，共同开展亲子活动，组织学生举行汽车知识和交通安全知识的竞赛等等，让前来的现有消费群体和潜在消费群体感觉下应北路车街不仅仅是品牌车型的展示和销售，还有以车为纽带串联起来的社区大家庭的温馨氛围。

注：本次研讨会于2008年9月18日举行，此“话题”是凭日常积累、由灵感触动而引发的，可谓“无中生有”。有所思才有所获，方案推出后客户响应积极，车街的每一家汽车经销企业都参与了研讨，都在这一“话题”特刊投放了广告，宣传效果明显，媒体经济效益也同样显著。更重要的是为媒体与客户长期的紧密互动打下了良好的基础。

后　记

写作以上这些文字的缘起，是日常工作中，觉得有些感悟要与同仁分享，以利事业的顺利进展，便有所记录。

因所用多是时间的边角料，譬如午休时间、下班至离开办公室的间隙、晚餐前的等待，所以以短文的形式呈现。

此时更觉短文挺好，方便快速浏览，不占用人们大块时间，较为低碳、环保。

以感悟的形式呈现，所以没有体系，哪里一闪就写哪里，有时间就写没时间就不写，轻松自在，不费工夫。

正因为兴之所至，行云游龙，重要的或许遗珠，细枝末节的倒有了痕迹，但一想，大千世界，大树、小草、荆棘、鲜花各有价值，便也释然，何况这些文字都是原生态的，对在市场前沿作战的将士来说，营养丰富该无疑义。

广告策划、品牌传播是极需有创意并善于有效沟通的智力活，富有挑战性，因而从事该行业的人员流动十分频繁，有的是知难而退，有的则是既有此才智便从事本人更为乐意的工作去了，所以常面对新手，做些不断重复的和尚念经似的工作也就在所难免了。

一日，有企业家朋友来访，谈起人才难找、难留、难培养，我聊到工作中的一些感悟，他兴趣盎然，说你把这些感悟结集出版，我要一些，给员工作培训用，以拓展思路。我说你我行业相去甚远，恐牛头不对马嘴。他回答：万事皆通。这些感悟原汁原味是在市场实战中野生的，肯定给力，会给企业带来巨大财富。

写下这些文字，源自工作，为了工作，从事的也确是创造财富的事，这些创意与感悟，恰像一簇财富之花了。

本书是从宁波日报社这方沃土酝酿萌发的，是中国传媒大学出版社让她成为一簇多彩的花，我将铭记。

衷心感谢为此书能在短时间内顺利面向读者而付出辛劳的中国传媒大学出版社王进老师和赵欣老师！

衷心感谢宁波日报报业集团社长何伟先生为本书作序，使本书增色。

图书在版编目(CIP)数据

创意即财富/陈荣军著. —北京:中国传媒大学出版社,2011.11
ISBN 978-7-81127-507-0

Ⅰ.①创… Ⅱ.①陈… Ⅲ.①广告—经营管理
Ⅳ.①F713.82

中国版本图书馆 CIP 数据核字(2011)第 215925 号

创意即财富

作　　者	陈荣军
责任编辑	赵　欣
责任印制	范明懿
封面设计	刘旭东
出 版 人	蔡　翔
出版发行	中国传媒大学出版社
社　　址	北京市朝阳区定福庄东街 1 号　邮编:100024
电　　话	86—10—65450528　65450532　传真:65779405
网　　址	http://www.cucp.com.cn
经　　销	全国新华书店
印　　刷	北京市梦宇印务有限公司
开　　本	670×970mm　1/16
印　　张	14.5
版　　次	2012 年 1 月第 1 版　　2012 年 1 月第 1 次印刷
书　　号	978-7-81127-507-0/F·507　**定　　价**　38.00 元